HISTOIRE

DE

NOTRE-DAME DU DÉSERT

L'ERMITAGE (460-1125)

LE PRIEURÉ (1125-1675) — LA CHAPELLE (1675-1900)

PAR

A.-J. DEVOISINS

Docteur en médecine
Ancien conseiller général et membre du Conseil supérieur
du gouvernement de l'Algérie,
Ex-aide-major de 1re classe, Officier d'académie,
Chevalier du Mérite agricole, Membre fondateur et lauréat
de la Société française de tempérance, etc.

Armoiries du noble fief de Notre-Dame du Désert.

PARIS

LIBRAIRIE HISTORIQUE DES PROVINCES

ÉMILE LECHEVALIER

39, QUAI DES GRANDS-AUGUSTINS, 39

—

1901

HISTOIRE

DE

NOTRE-DAME DU DÉSERT

DU MÊME AUTEUR

L'ALCOOLISME DES CAMPAGNES. — Notes normandes, action de l'eau-de-vie de cidre sur l'économie, mémoire couronné, Paris, 1884 ; ouvrage publié par la Société française contre l'abus des boissons alcooliques et vendu à son profit.

L'ALCOOLISME ET L'ALLAITEMENT. — Mémoire couronné, Paris, 1885.

REMARQUABLES EFFETS DE LA LOI DU 17 JUILLET 1880. — Mémoire couronné, Paris, 1885.

ÉTUDE SUR LES DÉBITS DE BOISSON DANS LE DÉPARTEMENT DE L'EURE. — Paris, 1886.

LA FEMME ET L'ALCOOLISME. — Paris, 1887.

NOTES SUR L'HISTOIRE DE BRETEUIL. — 2e édition, Hérissey, Évreux, 1900, en vente à la Librairie des provinces, E. Lechevalier, 39, quai des Grands-Augustins, Paris.

NOTE SUR UN CAS DE LUXATION COMPLÈTE DE L'ASTRAGALE. — Extraction, guérison, Alençon, 1882.

HISTOIRE

DE

NOTRE-DAME DU DÉSERT

L'ERMITAGE (460-1125)

LE PRIEURÉ (1125-1675) — **LA CHAPELLE** (1675-1900)

PAR

A.-J. DEVOISINS

Docteur en médecine
Ancien conseiller général et membre du Conseil supérieur
du gouvernement de l'Algérie,
Ex-aide-major de 1re classe, Officier d'académie,
Chevalier du Mérite agricole, Membre fondateur et lauréat
de la Société française de tempérance, etc.

Armoiries du noble fief de Notre-Dame du Désert.

PARIS

LIBRAIRIE HISTORIQUE DES PROVINCES

ÉMILE LECHEVALIER

39, QUAI DES GRANDS-AUGUSTINS, 39

—

1901

A LA MÉMOIRE

DE

M. PAUL LE VACHER D'URCLÉ

Chevalier de la Légion d'honneur
Maire de Breteuil
Conseiller général de l'Eure

XXVI NOV. MDCCCXIII — IV OCT. MDCCCLXXXIX

INDEX BIBLIOGRAPHIQUE

Le Prévost. — Notes sur le département de l'Eure, notice historique et archéologique, 3 vol.

Vaugeois. — Histoire de Laigle.

Ordéric Vital. — Traduction de Guizot, 4 vol.

Antony Rich. — Antiquités grecques et romaines.

Chateaubriand. — Le génie du christianisme.

Drioux. — Les apôtres.

Dom Louis Tasti. — Saint Benoit, son action sociale et religieuse.

Guizot. — Histoire de la civilisation depuis la chute de l'empire romain.

Les grands Bollandistes.

Larousse. — Nouveau dictionnaire illustré, 7 vol.

Lavisse et Rambaud. — Histoire générale du IVe siècle à nos jours.

A.-*S. Avenelle.* — Mémoires instructifs du noble fief de Notre-Dame du Désert (1684), manuscrit, Archives de l'Eure, G. 183.

Rohrbacher. — Histoire universelle de l'Église catholique, XXVI vol.

Martial. — Épigrammes.

Sénèque. — Lettres.

Pierre d'Aquilée. — Catalogue des Saints, 1534.

Grégoire de Tours et Fredegaire. — Histoire des Francs.

Les Conciles des Gaules.

Maigne d'arnis. — Lexicon manuale ad scriptores mediæ et in infimæ latinitatis.

Carpillon. — Dictionnaire du département de l'Eure.

Jehan Dupré. — Cartulaire du Désert ; Archives de l'Eure, G. 165.

Inventaire général des chartes titres et autres actes qui sont dans le chartrier de l'Abbaye de Notre-Dame de Lyre, ordre de Saint-Benoit, congrégation de Saint-Maur, au diocèse d'Evreux, 4 vol., 1739, n° 11, Archives de l'Eure, H. 590.

R.-P. Pinas. — La vie du Père Eudes.

Biographies des supérieurs et autres Eudistes, Archives de l'Eure, G. 154.

L. Boivin-Champeaux. — Notices historiques sur la révolution dans l'Eure, Hérissey, Evreux, 1868.

Registre du Directoire de Verneuil. — Archives de l'Eure.

Les Pouillés des paroisses. — Archives de l'Eure.

Goberville. — Histoire des Baux, Avignon, 1872.

HISTOIRE

DE

NOTRE-DAME DU DÉSERT

I

Ami Lecteur,

Le travail que nous vous offrons aujourd'hui a pris en quelque sorte à notre insu un développement excessif; mais, s'il est vrai que la beauté du sujet et l'agrément des recherches nous ont entraîné un peu au delà des limites primitivement choisies, il nous sera bien permis de laisser une part de responsabilité à nos guides, les chercheurs et les savants de profession, qui, par leur excessive amabilité à notre égard, sont parvenus à nous faire oublier que rien dans nos études antérieures ne nous avait préparé à la tâche que nous avons entreprise.

A ce propos, si, rompant le cercle étroit de l'amitié, un exemplaire de notre ouvrage, poussé par quelque malin caprice du sort, va s'égarer sur le bureau d'un de nos maîtres, notre vœu le plus cher est qu'il soit considéré comme un intrus et renvoyé comme tel. S'il devait être lu, on ne manquerait pas de nous attribuer des prétentions qui sont bien loin de notre pensée et nous nous sentirions couvert d'une confusion pénible.

Nous devons cependant expliquer, sinon justifier, notre

tentative. Il est indéniable que le plus humble village, la plus modeste fondation ont le droit de rassembler les débris de leur histoire; on nous accordera bien aussi que les petits sujets sollicitent rarement les grandes compétences. Une commune a eu pour historien un Le Prévost; les autres sont dans la dure nécessité de se contenter, sans y regarder de trop près, des quelques notes rassemblées par un instituteur, un curé, un médecin de bonne volonté.

Brusquement et péniblement arrêté en pleine activité professionnelle, nous avons dû, à titre de compensation, rechercher un genre d'étude conforme à des goûts fort anciens et nous n'avons pas tardé à éprouver à nouveau la douce séduction de l'histoire. Le charme des vieilles chroniques s'est emparé de nous, tandis que les lacunes de notre instruction première prenaient des proportions effrayantes à mesure que nous essayions de les combler.

Il faut dire que si nos premiers maîtres universitaires ou Lazaristes nous ont laissé de leur enseignement et de leurs personnes le meilleur souvenir, ils ont dû être très peu prolixes sur les matières dont nous aurions besoin aujourd'hui. Ils nous ont appris à forger un discours latin en vers ou en prose, à résoudre quelques équations, à reconnaître dans un texte grec les fameuses racines encastrées dans des vers restés célèbres, mais en revanche ils nous ont laissé ignorer jusqu'aux noms des grands fondateurs de ces ordres monastiques qui ont su discipliner les peuples barbares et les transformer en nations chrétiennes.

Et maintenant, après cette présentation qui s'imposait, si vous ne craignez pas d'entreprendre avec nous un voyage à travers quatorze siècles, à propos de l'histoire du Prieuré du Désert, hâtez-vous de faire vos préparatifs.

Rien n'est plus aisé, il vous suffira de lire saint Jérôme, saint Augustin, Grégoire de Tours, Frédégaire, Joinville,

Froissart, Ordéric Vital, Montluc, Augustin Thierry, Guizot, Montalembert et quelques autres auteurs ; cela fait, s'il vous arrive de regretter de vous être mis en route, vous conserverez toujours la joie de vous y être préparé.

Quoi de meilleur dans un voyage que les préparatifs, si ce n'est peut-être le retour ?

II

Nous sommes en l'an 460. Rome occupe notre sol depuis cinq siècles et nous étudierons tout d'abord l'empreinte qu'elle a laissée. Empreinte profane, empreinte sacrée, profondes, vivaces, impérissables.

Portant nos regards vers l'Italie, nous admirerons la radieuse beauté de celle qui sera un jour la patronne du Prieuré du Désert, Suzanne, nièce de l'empereur, nièce du pape, fille d'un saint, patricienne adulée, morte pour son Dieu.

Mais voici l'invasion barbare. La population laborieuse des Gaules, romanisée, se laisse pénétrer par les éléments nouveaux, voici Clovis et ses Franks au nombre seulement de cinq ou six mille, voici *Melanius*, ermite du Désert, son ami, son conseiller.

Encore quelques années et nous trouverons dans une naïve légende les préoccupations des lettrés de cette intéressante période en même temps que nous assisterons à la formation d'un groupement, d'une paroisse chrétienne, à la voix du bon Fulbert, ermite de la plaine.

Les siècles reprennent leur cours. Les moines, rudes travailleurs du sol, intrépides remueurs de pensées, modestes laboureurs aux noms à jamais inconnus, promènent en tout sens sur ce sol encore imprégné de polythéisme la charrue catholique, enlevant les racines à la terre, élaguant les branches sans cesse renaissantes des hérésies.

Alors s'approche l'an 1000 et la terrible nuit trouve tous les enfants du Christ, prosternés devant le Dieu qui va venir sur une nuée, juger les vivants et les morts.

A Rome le pape-astronome Sylvestre II vient de paraître au haut de son observatoire. On entend à ses pieds, sur les places et dans les carrefours des pleurs et des lamentations, des cris de désespoir et aussi des blasphèmes, car l'extrême frayeur est compagne de la folie. Encore quelques secondes et le monde va finir?

Mais que se passe-t-il? Courbé sur ses instruments, Sylvestre II vient de constater la lueur incertaine de la prochaine constellation, il voit que rien n'est changé dans le système de l'univers et alors d'une voix formidable, minuit sonnant, il entonne un *Te Deum* bientôt répété par tout un peuple.

Puis la ferveur religieuse redouble, les fondations monastiques couvrent notre pays, quelques-unes grandissent démesurément.

Le Prieuré de Notre-Dame du Désert, entraîné dans l'orbite de la puissante abbaye de Lyre, conserve longtemps encore son originalité et même pour un temps son autonomie.

C'est l'époque où se continue, pour la désolation de nos contrées, la guerre incessante inaugurée dans la journée d'Hastings entre Gaulois et Saxons. L'opiniâtre breton Duguesclin en 1372 arrache Breteuil à l'éternel ennemi qui reparaît en 1418, car nous lisons dans un vieux grimoire que Robert de Floques reçut l'ordre en 1449 de déloger et de pourchasser « ceste canaille d'Anglais qui s'estoit réfugié sur l'aspre rocher de Conches ».

Par un heureux et bien rare concours de circonstances favorables, le Prieuré de Notre-Dame du Désert traverse sans encombres ces temps de troubles et ceux qui suivirent. Enfin, lorsque éclate la révolution, quand les grandes fondations sombrent dans la tourmente et que la foudre, qui ne se contente pas toujours des grands arbres, gronde et menace, un homme paraît qui sauve de la destruction le prieuré de Notre-Dame du Désert.

Spectacle unique peut-être en France! tandis que le culte est partout prohibé et que le despotisme jacobin souille du sang de tant de Français la place de la Révolution, à vingt lieues de distance, tous les matins, l'abbé Louvet de la Rivière célèbre publiquement le saint sacrifice dans la chapelle de Notre-Dame du Désert!

Aujourd'hui dans ce coin de forêt que les vieilles chartes appelaient « un lieu d'horreur et de vaste solitude » et qui est devenu le riant vallon du Lesne, le même prieuré, la même chapelle, assurés de la protection incessante de la descendante de celui qui les sauva, vont s'enfoncer dans la profondeur des siècles à venir sanctifiés par les prières de quarante générations!

III

Nous n'avons pas à donner ici la liste des personnages importants, moines ou prêtres, qui ont été prieurs de Notre-Dame du Désert. Nous n'avons pas non plus à insister avec vous, ami lecteur, sur les mérites de ces hommes vraiment grands parce qu'ils sont créateurs et qu'ils ont contribué dans tous les temps à augmenter le bien-être moral et matériel des déshérités. Si vous avez lu les chroniqueurs, si vous avez médité sur la vie des fondateurs d'ordres, vous devez partager notre respectueuse admiration pour le moine en général, le moine d'hier et le moine d'aujourd'hui. Si nous avons contre nous ceux qui vont puiser leurs convictions politiques, philosophiques et religieuses dans les débits où l'on vend à deux sous le verre l'abrutissement de la France, nous avons certainement avec nous les personnes instruites de toute religion et de tout pays. Demandez à la savante Allemagne ce qu'elle pense de nos Bénédictins !

Si vous êtes encore dans la maturité de l'âge, vous avez pu voir au Palais-Bourbon ou dans quelque vieille basilique, un homme qui avait pris pour devise « Dieu et Liberté », vous avez pu entendre cet orateur impeccable, si beau dans ce costume qui a dû être imaginé en vérité par le Dieu de l'éloquence !

C'était un moine, c'était même le plus illustre des enfants de Saint-Dominique après une nombreuse pléiade de savants et de saints parmi lesquels nous citerons Raymond de Pennafort, Hyacinthe de Cologne, Antonin de Florence, Albert le Grand, Pierre de Vérone et Thomas d'Aquin, c'était le R. P. Henri-Dominique Lacordaire.

Et ne croyez pas que les brillants météores nous font perdre de vue les innombrables étoiles du ciel de l'Eglise ; non certes, les colonnes du temple ne nous empêchent pas de voir le temple lui-même. Nous savons ce qu'il faut donner d'admiration à tel fils d'un paysan d'Auvergne apôtre de l'Amérique du Nord, une des premières gloires de cet épiscopat des Etats-Unis « qui, dans les pays d'outre-mer où on n'aime pas seulement sa liberté, mais aussi la liberté des autres, a donné au monde cette démonstration que l'Eglise ne s'enferme pas dans des formules politiques et qu'elle n'a pas peur de la liberté [1] ».

[1] Réponse du R. P. Feuillette à Mgr Ireland.

Donnez aussi, je vous prie, un regard au fier cardinal si noblement campé sur son socle de granit à Biskra. Le voyez-vous, lançant dans les profondeurs du centre africain ces fameux Pères blancs qui partent ayant pour toute fortune dans une main un crucifix, dans l'autre un drapeau tricolore?

IV

Non seulement nous avons rencontré dans le cours de notre voyage et au hasard des lectures qui l'ont précédé des moines et des prêtres, mais nous avons encore respiré en quelque sorte l'atmosphère embaumée des saints.

Nous avons été ébloui par le splendide rayonnement que projetait sur la terre de France ces légions d'apôtres, ces innombrables martyrs, ces millions de curés de campagne qui dorment leur dernier sommeil sous les croix de pierre de nos vieux cimetières. Nous avons appris avec stupéfaction qu'un seul de nos ordres religieux a déjà donné trente mille martyrs pour le salut du monde.

Alors, dans le désarroi universel, tandis que l'esprit de haine souffle parmi les hommes et que le hideux despotisme sous des mots mensongers pèse comme un roc sur nos poitrines, nous avons été attiré par cette clarté qui éclaire tout homme venant en ce monde et prenant la plus infime place dans la barque sacrée qui traverse impassible l'océan des siècles, nous avons accepté en toute humilité la direction apostolique.

Comme vous, sans aucun doute, ami lecteur, nous nous sommes plu à croire et aussi à espérer. Comme vous, nous avons pensé qu'un acte de foi, hors de propos en certains temps, s'imposait aujourd'hui comme un devoir, et nous ne cessons de redire :

Je crois ce que m'enseigne mon curé parce qu'il a été envoyé ici par mon évêque et que mon évêque a été envoyé dans les Gaules par l'évêque des évêques successeur de Simon Pierre et Simon Pierre avait vu le Seigneur !

Je crois comme peuvent croire les ignorants et les savants. Je crois comme croyait Ampère, je crois comme croyait Pasteur.

Il faut aussi espérer. Si tant de crimes contre le droit et la liberté se commettent, plaçons-les sur le plateau d'une balance et mettons sur l'autre les œuvres de tous les saints. Un Jean Eudes prieur de Notre-Dame du Désert, un Vincent de Paul, ne compensent-ils pas à eux seuls, toute une légion de forbans ?

Espérons aussi, espérons toujours pour notre patrie bien-aimée la noble et douce France, si dignement représentée dans tout l'univers par nos braves soldats et par nos missionnaires dont le sang à l'heure actuelle arrose les plaines de l'Asie !

Espérons pour un temps à venir la république du grand poète Coppée ; « ce sera la république de la probité, impi-
« toyable aux concussionnaires et aux voleurs et qui veillera
« avec une prudence maternelle sur le bien de tous ses
« enfants ! ce sera la république de la tolérance, où sans
« être menacés par la synagogue ou par la loge, nos cloches
« lanceront librement leur prière vers le ciel ; ce sera la
« république de la justice qui détrônera enfin l'ignoble roi-
« million et où les citoyens seront estimés selon leurs mé-
« rites et leurs vertus. Enfin, ce sera surtout la république
« de l'honneur et de la dignité nationale qui exigera que
« notre cher et glorieux drapeau tricolore soit respecté de
« toute l'Europe et du monde entier. »

V

Encore un mot. Lorsque la Fête-Dieu ramènera le grand pèlerinage annuel à Notre-Dame du Désert, si vous habitez une paroisse voisine, vous ne manquerez pas de vous joindre aux fidèles qui, sous la conduite de leursdignes Pasteurs, se rendent à l'antique sanctuaire en chantant des litanies et des psaumes. Si vous êtes trop éloigné, vous partirez en famille de grand matin, poussé par cette habitude très justifiée qui vous attire dans les *assemblées* où vous rencontrez chaque année des amis et des parents que vous ne voyez guère que ce jour-là, où vous savez trouver, non loin de la fête foraine, un coin de pré ou de bois propice aux repas champêtres, où vous vous unissez aux fidèles des paroisses voisines venant demander à la grande sainte la protection et les faveurs dont vous ne seriez pas fâché en somme d'avoir une petite part.

Bientôt vous entrez dans la forêt, encore une lieue et la chapelle émergera dans la verdure.

Tout à coup, le son de la cloche du Désert vous envoie son premier tintement dans l'air embaumé des bois. A cet instant précis, je vous en conjure, arborez votre pavillon, je veux dire, faites un grand signe de croix, simplement, carrément à la française!

Souvenez-vous en effet, ami lecteur, que ce bronze sacré que vous venez d'entendre est celui-là même qui à la fin du ve siècle guidait le bon Fulbert à travers la tourmente aux temps du roi Clovis. C'est lui qui emplissait l'air de ses vibrations précipitées le 24 avril 1125, quand le comte Robert de Leycester-Breteuil, la main sur les évangiles, donnait à Hugues, prieur des ermites, le noble fief de Notre-Dame du Désert.

C'est encore ce métal sacré qui le 12 août 1230, quand régnait Blanche de Castille, emportait vers le plus haut des cieux les prières de noble dame Odeline de Laigle, vicomtesse de Sainte-Suzanne, entourée de tout un peuple de pèlerins, au moment où, dans le plus profond silence, Guillaume curé doyen de Breteuil, au-dessus de tous les fronts courbés, élevait le saint-sacrement en entonnant l'*Adjutorium nostrum in nomine Domini !*

C'est la cloche de Fulbert, la cloche du prieur Hugues, la cloche d'Odeline de Laigle que vous venez d'entendre ; c'est elle aussi qui pendant les sombres jours de la Terreur appelait au service Divin, dans la brume matinale, les cultivateurs de la vallée du Lesme, les ferronniers des villages, les charbonniers de la forêt !

Cloche trois fois sainte, airain sacré, quatorze fois séculaire qui portas vers notre Dieu les prières de nos ancêtres, nous te saluerons d'un signe de croix, toi, qui relies devant nous les siècles de foi qui passèrent aux siècles de foi qui vont venir !

Nous manquerions au plus élémentaire devoir de reconnaissance si nous négligions de remercier les nombreuses personnes qui nous ont facilité la tâche que nous avons entreprise.

Si la partie purement historique de notre travail présente quelque intérêt, tout l'honneur en revient au sympathique et distingué chef de bureau des archives de l'Eure M. Le Coq ; c'est à coup sûr vers lui que doivent aller tout d'abord les remerciements de nos lecteurs.

Qu'il nous soit permis également de citer les noms des personnes qui ont bien voulu accepter d'être nos guides, nos collaborateurs, nos correspondants.

Sa Grandeur Mgr l'Evêque d'Evreux qui nous a ouvert avec tant de bonté les portes de la bibliothèque épiscopale ; M. l'abbé Porée, le savant historien du Bec ; M. l'abbé Malet, professeur d'archéologie ; Dom Anselme Caplet de Rome ; M. l'abbé Rougé, notre vénérable compatriote, supérieur du grand séminaire d'Evreux ; nos jeunes et brillants amis, Achille Richer, élève de l'Ecole polytechnique, Maurice Richer, étudiant en pharmacie, qui ont toujours mis une touchante sollicitude à soutenir nos forces chancelantes ; MM. les docteurs Mallebranche, de Bernay, et Couraud, de Damville ; Veslin, chirurgien en chef de l'Hôtel-Dieu d'Evreux, et Moisson, médecin du parquet ; le R. P. Chapotin de l'ordre des Frères prêcheurs ; le T. R. P. Le Doré, supérieur général des Eudistes ; M. Bourbon, l'éminent archiviste de l'Eure ; nos amis MM. Roard, manufacturier, Leroy, notaire licencié en droit ; Saxe, pharmacien ; MM. Dieulevin de Lyre, Minneray de Beaumesnil, Veuclin de Mesnil-sur-l'Estrée, Peltier du Havre, Durand des Brosses de Saint-Ouen.

MM. les abbés Duroussel, vicaire général de Rennes ; Blin, secrétaire général de l'Evêché d'Evreux ; Beaujean, prosecrétaire ; Landais, curé doyen de Sainte-Suzanne du Maine ; Langlois, le savant aumônier des sœurs de la Providence d'Evreux ; Moulin, curé des Baux, auteur de nombreux et attrayants ouvrages parmi lesquels le remarquable traité sur l'éducation qui devrait se trouver dans toutes les mains ; Prodhomme, curé de Ri ; Drouin, curé d'Aubevoye, et quantité d'autres personnes, ecclésiastiques ou laïques, qui nous ont toujours donné libéralement leurs bons conseils et tous les renseignements dont elles disposaient.

Dr Devoisins.

Breteuil, le 1er janvier 1901.

PREMIÈRE PARTIE

L'ERMITAGE

460-1125

CHAPITRE PREMIER

L'EMPREINTE DE ROME

I. L'empreinte profane. Antiquités romaines. — II. Condate. — III. L'empreinte sacrée. Le Désert. — IV. Les disciples et les parfaits. Fleurs d'Orient. Fruits d'Occident. — V. Mélaine au désert. — VI. La crypte.

I. — Empreinte profane. Antiquités romaines

Le pays des Aulerques Eburoviques avait pour capitale Évreux (*Mediolanum Aulercorum*), et non pas Vieil-Evreux (*Gisacus* [1]).

Quatre centres romains plus ou moins importants se trouvaient dans le territoire correspondant au département

[1] *Recueil des travaux de la Société libre de l'Eure*, 3e série, t. IV, p. 353. Extrait d'une lettre de M. Le Prévost à M. Bonnin notre savant compatriote. « J'avais toujours supposé conformément à la tradition locale que l'emplacement du chef-lieu des Aulerques Eburoviques avait été le Vieil-Evreux... Vos savantes recherches dissipèrent toutes mes illusions... Aujourd'hui, grâce à vous, les pierres ont parlé et leur témoignage place *Mediolanun* à Évreux. *Gisacus*, où se trouve le palais de quelque personnage important, remplace le nom si mal approprié de Vieil-Évreux... C'est là un fait définitivement acquis à la science; je pense que c'est un devoir rigoureux de l'enregistrer dans ses actes. »
Voir Le Prévost. *Notes sur le département de l'Eure*. Notice historique et archéologique, vol. I, p. 10.

de l'Eure, lequel fit partie de la Celtique d'abord, puis après la conquête de la province Lyonnaise sous Auguste, enfin de la Seconde Lyonnaise quand cette province eut été créée par Dioclétien à la fin du IIIe siècle.

Ces centres étaient *Uggade*, *Ritumagus Canetum* et *Condate*. M. Le Prévost les place dans les localités actuelles de Pont-de-l'Arche, Fleuri, Bertouville et Condé-sur-Iton.

Comme nous n'avons à nous occuper que du canton de Breteuil (*Britolium*, *Britogilum*), la localité qui attirera toute notre attention sera *Condate* et la partie de son territoire qui, remontant l'Iton sur ses deux rives, atteint Saint-Ouen-d'Attez (*Sanctus Audoënus Attegiarum*), Saint-Nicolas-d'Attez (*Sanctus Nicolaüs Attegiarum*) et Cintray (*Cinetraïum*).

Rome a possédé notre sol pendant cinq cent cinquante-quatre ans, de l'an 57 avant Jésus-Christ jusqu'à la prise d'Évreux par Clovis en 497, et après quinze siècles écoulés, les débris de la ville romaine de *Condate* couvrent encore nos campagnes ; tandis que vers l'Ouest à l'autre pôle de notre canton un modeste ermitage, habité et bâti peut-être par un grand saint, s'est maintenu sous des formes diverses jusqu'à nos jours. Là aussi, là surtout, nous reconnaîtrons l'empreinte de la ville éternelle, de la grande cité juridique, Rome, toujours Rome, centre de la monarchie du Christ sous la forme du souverain pontificat !

Laissant de côté les antiquités gauloises[1], nous avons à signaler les nombreuses médailles retrouvées dans notre canton. M. Pouchet, ancien instituteur à Saint-Ouen, en possède environ deux cents dont quelques-unes assez rares.

[1] Nous possédons dans le canton le Men-hir de la Gour, haut de douze pieds situé en face de ce qui fut le parc de Maulny. Nous pouvons signaler une pierre druidique non décrite qui se trouve dans la forêt de Bourth mais sur le territoire de Francheville, près de la ferme du Hamel à quelques mètres de la voie romaine de *Condate* à *Noviodunum*. On trouve dans tout le territoire de nombreuses haches en silex de toutes variétés et quelques haches de bronze d'un modèle très remarquable. (Voir la collection de M. Pouchet à Morainville.)

On ne peut guère entreprendre des terrassements dans les communes de Condé, Saint-Ouen, Saint-Nicolas et Cintray sans en mettre à jour un certain nombre.

En 1820, on a trouvé près de l'ermitage de Notre-Dame du Désert un Philippe, un Gordien Pie, un Posthume d'argent, une Lucile de grand bronze et un Maximin de moyen bronze. Aux Landes on a mis au jour un Auguste en or. En 1850, dans un même point de la forêt de Breteuil, on exhuma deux cents médailles de cuivre parfaitement conservées parmi lesquelles des Posthume et des Gallien. En 1834, un maréchal ferrant en bêchant son jardin trouva une collection de 196 médailles en or appartenant toutes à la fin de la République. Que de surprises lorsque des fouilles méthodiquement dirigées seront entreprises dans notre canton !

Nous devons signaler des murs romains sur Cintray et des débris de briques et de poteries romaines en si grande abondance que l'on a pu en retirer en quelques heures quatre charretées dans le même petit champ près de Baudoin.

N'oublions pas le magnifique tumulus inexploré du bois de la Tournevraie sur la propriété de M. Desportes à Cintray, des camps où les légions s'arrêtèrent pendant quelques jours, et que l'on désigne sous le nom de camps de César [1], conformément à une habitude absolument injustifiée pour notre pays. Le nombre des aqueducs et des souterrains [2] est con-

[1] Dans la forêt de Breteuil en face la Tabourerie se trouve une vaste étendue de terrain qui porte le nom de Camp de César. Au moyen âge un château fut bâti au beau milieu de ce camp. On sait que les demoiselles du seigneur connu sous le nom de Seigneur de l'Enclos se rendaient souvent à Cintray où leur père avait des propriétés. Elles suivaient un chemin qui passe entre le Pont Ibou et la gare de Francheville. Ce chemin porte du reste encore aujourd'hui le nom de Chemin des Demoiselles, Camp Romain, Château Féodal, Gare de Francheville. L'histoire de France en trois mots!

Entre Malicorne et la Hoyère existe un vaste souterrain comblé en partie. En 1819, nous écrit notre amie Mme Carières de Francheville, le terrain qui le re-

sidérable ; le plus grand nombre d'entre eux est d'origine incertaine.

Mais, ce qui caractérise notre canton c'est le nombre des voies romaines qui le traversent. Nous devons les décrire sommairement et pour plus de clarté nous les considérerons comme partant de Condé [1].

Nous aurons ainsi les voies :

Condé-Evreux (*Condate-Mediolanum*) ;

Condé-Lisieux (*Condate-Noviomagus*) ;

Condé-Paris (*Condate-Lutetia*) ;

Condé-Séez (*Condate-Nudionum*) ;

Conde-Maloui (*Condate-Maleïum*).

Cette dernière se divisait en deux branches au bois de Maloui, une branche allant à Jublains, l'autre au Mans.

(*Maleïum-Nœodunum*).

(*Maleïum-Suindinum*).

A. Voie Condé-Evreux (*Condate-Mediolanum*). — Cette voie peut être suivie à pied de Gouville aux environs des Houlles. Elle traverse le village du Perron et laisse à droite Arpentigny pour aller ensuite servir de terrassement à la route directe de Breteuil à Evreux. Elle est connue dans le pays sous le nom de chemin du Diable. Il paraît, dit Vaugeois, que cette voie fut construite rapidement en vue

couvre s'effondra sous les pieds d'un cheval appartenant à M. Malherbe Chevalier. Malgré toutes les tentatives il fut impossible d'effectuer le sauvetage, l'animal avait disparu.

[1] Après avoir parcouru pendant dix-sept ans dans tous les sens le canton de Breteuil nous avons formé le projet de déterminer le tracé des voies romaines partant de Condé, sans tenir compte des travaux des maîtres. Messieurs les instituteurs nous ont désigné les affleurements des voies et messieurs les fermiers nous ont indiqué les points de leurs champs où sur une largeur de 15 à 20 pieds les récoltes restent chétives. Toutes ces indications, réunies sur la carte de l'état-major, nous ont donné les grands alignements qu'il n'y avait plus qu'à vérifier. Ce petit travail de patience nous a permis de rectifier quelquefois les tracés antérieurs et même d'effacer complètement une voie romaine dont nous avions été indûment gratifiés.

Notre Dame du Désert. 1re partie. L'Hermitage 508-1125. chap I. L'Empreinte de Rome.

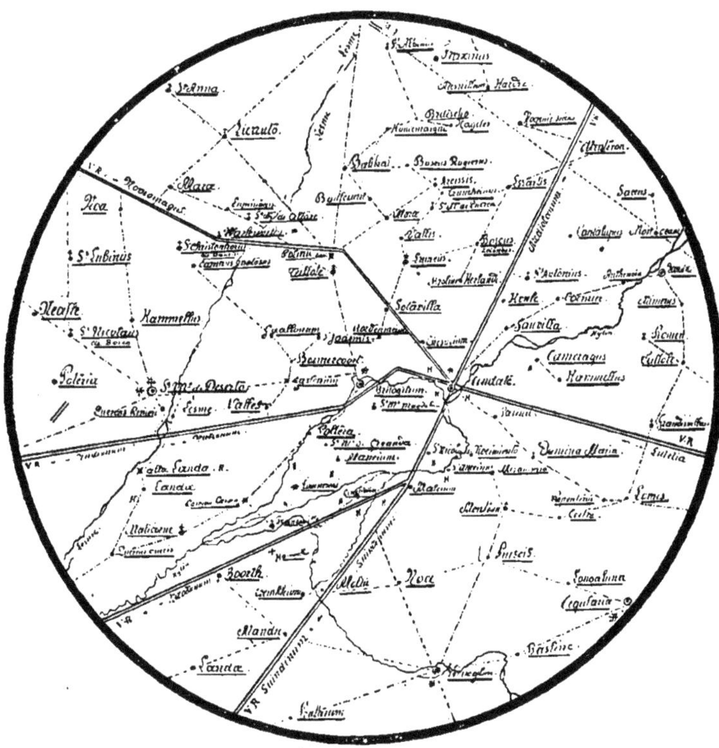

.508 ~ 1125.

Voies romaines. ═══

Tumulus. Cryptes. aqueducs etc. ⧺

Menhir +

Camps retranchés. ✖

Hermitages •

Paroisses mérovingiennes •

Itinéraires routes — · — · — · —

Localités importantes ⊙

Rivières ∼∼∼

Bourgades --•

Champs riches en vestiges romains. H

Les Eburoviques fondent Milan (an 1000 av. J.C.) Publius Crassus soumet le pays aux Romains (an 57 av. J.C.) — Les Eburoviques envoient 3000 guerriers au Vercingetorix (52 ans av. J.C.) — Le pays de l'Iton fait partie de la 1re Lyonnaise (Auguste) et de la seconde Lyonnaise (Dioclétien) — Clovis s'empare de la contrée en 497 — Rollon chef normand reçoit la Normandie à St Clair sur Epte. Les Gaulois du conquérant s'emparent de l'Angleterre après la bataille d'Hastings.

.A.D. 14.1.1900.

de répondre à une nécessité urgente. Quelle était cette nécessité ? nul ne le sait, ce qui est incontestable c'est qu'il fallait aller vite. Les ouvriers, cela s'est vu depuis, travaillaient d'autant moins qu'ils sentaient mieux le besoin qu'on avait d'eux. Dans ces graves circonstances les habitants de Condé après de copieuses réflexions décidèrent de s'adresser au Diable. Ils obtinrent de lui qu'il avancerait les travaux avec une telle rapidité qu'un cheval lancé au galop trouverait toujours la route faite devant lui. C'est ce qui arriva. La parole donnée fut tenue et le chemin livré presque aussitôt. L'histoire ne nous dit pas quel intérêt pouvait avoir ce diable à hâter la construction de la voie qui devait amener bientôt chez nous les premiers envahisseurs !

B. Voie Condé-Lisieux (*Condate-Noviomagus*). — Cette voie entre dans le canton de Breteuil après avoir traversé Lyre. Elle longe comme chemin vicinal, dit chemin de Paris, la commune des Baux à laquelle elle sert de limite au nord jusqu'à la commune de Guernanville (*Warlenvilla*). Elle borne les communes de Vieille-Lyre, le Fidelaire, Sainte-Marguerite-de-l'Autel (*Sancta Margarita de Altare*), et se dirige vers le Chesne (*Sancta Maria de Quercu*). Après le château de Poligny elle avance un peu vers les Mares (*Maræ*) et vient couper la route de Breteuil à Conches au niveau du Val (*Vallis*), de là, elle gagne Condé par un trajet parfois incertain en passant aux environs immédiats de Sotteville (*Sotavilla*), Bordigny (*Bordiniacum*), Le Chesnay (*Chesnaïum*).

C. Voie Condé-Paris (*Condate-Lutetia*). — Au départ de Condé, la position de cette voie est très imparfaitement déterminée. Nous nous rangeons à l'avis de ceux qui pensent qu'elle se dirige d'abord sur la Bréviaire pour aller ensuite à Dame-Marie (*Domina Maria*). Le tracé direct plus conforme incontestablement aux habitudes des ingénieurs romains n'a pas laissé de traces. Après Dame-Marie, cette voie gagne Nonancourt et Dreux. Elle se divise ensuite et tandis qu'un de ses embranchements gagne Paris directement, l'autre passe à *Genabum* (Gien) et se dirige vers l'Italie par la Gaule méridionale. C'est le chemin de Paris pour les Bas-Normands et, comme le remarque M. Vaugeois, c'est aussi le chemin de Rome. Cette voie est manifestement le prolongement de la voie Condé-Lisieux. Les deux réunies nous donnent l'Itinéraire Lisieux-Condé-Dreux-Paris, ou Dreux-Gien-Rome.

D. VOIE CONDÉ-SÉEZ (*Condate-Nudionum*). — Au sortir de Condé par le champ des tombeaux, cette voie gagne Breteuil qu'elle touche au sud, puis elle passe par Bois-Chevreuil, Lallier, le Marteau, la Borne et la Croix-Rouge sur la commune de la Guéroulde (*Sancta Maria de Geroda*). Après ce trajet, elle devient parfaitement reconnaissable, laissant au nord, sur la rive droite du Lesme, la série de la mare aux Cornes et au sud la série de la Pierre blanche. Elle borne au sud l'étang du val du Lesme, laissant au nord et assez loin le village de ce nom sur la rive droite, et plus au nord encore, sur la rive gauche, l'ermitage du Désert.

Ce tracé est loin de concorder avec ceux que donnent les auteurs. D'autre part nous ne saurions admettre l'existence d'une voie romaine parallèle à celle-ci suivant le trajet Condé-Bémécourt-Ermitage : outre qu'il est bien difficile de comprendre l'utilité qu'aurait pu avoir la coexistence de deux voies parallèles aussi peu éloignées l'une de l'autre se rejoignant au Crétil, rien, absolument rien, ni dans le sou-

Le château de Condé.

venir des hommes, ni dans les archives, ni d'après l'opinion des personnes qui connaissent à fond la forêt, n'autorise à croire à la double voie Condé-Le Crétil. Il faut chercher plus au nord, hors de notre territoire, le prolongement de la branche nord de la fourche du Crétil.

E. Voie Condé-Maloui (*Condate-Maleïum*). — C'est la voie par excellence. C'est elle qui permettait aux Aulerques Eburoviques de se réunir avec leurs alliés les Cénomans et les Diablintes. Nous devons nécessairement la considérer comme le prolongement du *chemin du Diable* venant d'Evreux.

Elle va directement de Condé au cimetière de Saint-Nicolas qu'elle longe au sud-ouest, puis, ayant traversé l'Iton, elle remonte au bois de Maloui où elle se divise en deux branches Maloui-Jublains, Maloui-Le Mans.

La première passe à Cintray (*Cinetraïum*), au sud de Francheville (*Francavilla*), au sud de la ferme du Hamel et gagne Bourth et le Theil en se dirigeant vers Jublains.

La seconde passe au Manouillet, à la Pointelière, au château de la Motte (*Motta*), puis à Mandres, dans la direction du Mans.

II. — Condate

Voilà certes une localité bien faite pour exercer la sagacité des chercheurs. Située dans une modeste vallée, privée de toute défense naturelle, elle a acquis à un moment donné une extraordinaire importance. Sa superficie dépassa jadis un kilomètre carré et elle a été l'aboutissant de six voies romaines !

Chose peut-être plus singulière encore, Condé figure sur

nos plus vieilles cartes gauloises, et Condé n'a pas d'histoire !

Il appartenait au savant qui, âgé de quatre-vingts ans, parcourait notre pays pour se faire raconter par les ruines les secrets des siècles passés, de déterminer la cause de la grandeur momentanée de *Condate*.

Nos pères, dit Vaugeois, étaient incontestablement les maîtres du fer, *optimum pessimumque vitæ instrumentum*. Ils avaient à Condé un centre étendu de terrains défrichés, lesquels étaient encore entourés par l'immense forêt dont les forêts actuelles ne sont en quelque sorte que les débris.

Le pays « était rempli de mines de fer et l'abondance des bois en facilitait l'exploitation. D'autre part, nos Aulerques, dès les premiers temps de l'invasion romaine, avaient donné à leurs ennemis des preuves de leur valeur et de leur ardent patriotisme. Ils prirent part à toutes les confédérations nationales et l'on sait que les cités de la ligue armoricaine dont ils faisaient partie combattirent les dernières pour la liberté des Gaules. On conçoit donc qu'une des premières occupations des conquérants consista à s'emparer de la totalité des forges, à s'en assurer la possession exclusive. Il était de la plus haute importance pour eux de priver de fer et, par conséquent, du moyen de renouveler leurs armes, des peuples jaloux de leur indépendance, toujours prêts à se révolter contre leurs oppresseurs [1] ».

Rome devait à son tour devenir maîtresse du fer et ouvrir des voies de communication avec les provinces voisines pour fournir à toutes ses garnisons l'indispensable métal. Voilà certainement comment peut s'expliquer l'origine et le développement du centre romain de *Condate*.

[1] Tous les pays de notre plaine ont été pris sur la forêt par des défrichements successifs : les noms ne laissent aucun doute à ce sujet. Le Chesnay ; le Chesne ; le Fay (*fagus*) ; le Tilleul ; le Tremblay ; le Boulais ; le Boshion ; le Buisson ; le Bosc-Roger ; le Bosc-Renault ; le Bosc-André ; la Lande ; les Essarts (*essartis* défrichés), etc., etc., Vaugeois, ch. III, p. 484-485.

L'étang du Désert.

Si nous considérons maintenant que d'après ces explications la population de Condé devait surtout se composer d'esclaves ferrons et de gardes chargés de les contenir, nous pourrions peut-être nous demander pourquoi cette localité renfermait des monuments luxueux, des œuvres d'art, des thermes [1].

A cela ne pourrait-on pas répondre que la situation de Condé, entouré d'arbres séculaires, aux bords d'une rivière élargie, pourvu de par les nécessités d'ordre industriel de nombreuses voies de communication, notamment avec Évreux, Lisieux et Dreux, a dû attirer nécessairement les riches Gallo-Romains des environs qui aimaient pour leur villa d'été les points où les futaies et les cours d'eau tempéraient l'ardeur du soleil. Plusieurs d'entre eux, après avoir passé quelques mois dans ce pays, durent s'y fixer définitivement. N'avons-nous pas vu dans la suite des temps les évêques d'Évreux établir à Condé leur maison de plaisance et les châtelains qui leur ont succédé apprécier comme ils le méritent, ces parages ravissants ?

III. — L'EMPREINTE SACRÉE ; LE DÉSERT

A l'autre extrémité du territoire de *Britolium*, la forêt prend un aspect triste et désolé, les forges deviennent de plus en plus rares, les hautes futaies sont remplacées par des arbres plus modestes. Çà et là, de vastes clairières rem-

[1] On trouve à Condé des vases, des anneaux, des tuiles à rebords, des tuyaux, des médailles. Le cimetière occupait plusieurs arpents de terrain. On a trouvé un fragment d'anse de vase en terre avec ces lettres SACL FA, des bagues en or, des débris de mosaïque, des agrafes d'armure. M. Bonnin, qui a publié trois planches sur les antiquités de Condé dans son beau livre sur les antiquités des Aulerques Eburoviques, nous donne le dessin d'une moitié d'un cachet de médecin oculiste. Sur l'une des extrémités de ce cachet on lit *Ellini Illuni* et sur l'autre *Illini Annum*. Les thermes renfermaient tout ce qui peut intéresser une population riche et adonnée au luxe (Antoine Rich).

plies de ronces et d'ajoncs rendent la solitude plus imposante. Un ancien étang formé par le Lesme démesurément élargi paraît immense sous le ciel gris. Trois rochers de grison placés à quelques pas les uns des autres forment comme les pointes d'une fourche gigantesque sortant du sol sur lesquelles les oiseaux migrateurs s'arrêtent un instant pour surprendre dans l'herbe vaseuse quelque reptile remonté à la surface. Et chaque année, avec une régularité instinctive, ces voyageurs aériens reviennent dans ce lieu où la voix humaine ne les troubla jamais, où la nature semble être restée figée depuis les grandes convulsions géologiques.

Imposante impassibilité des choses, provoquant la méditation et la prière !

S'il vous arrive, même de nos jours, de descendre par un soir d'hiver le chemin qui conduit du village du Lesme vers le sud, vous serez frappé au bout de peu d'instants de la sauvage grandeur de l'étang ceinturé de bois ; vous oublierez bien vite les belles et riches propriétés que vous venez de laisser au nord de la route de Breteuil à Rugles et vous comprendrez combien nos pères ont admirablement exprimé l'impression intime de l'âme en nommant ce lieu « le Désert ! »

C'est qu'en effet ce site étrange et saisissant semble avoir emprunté à quelque thébaïde africaine son aspect désertique et la pensée ne vient pas qu'il est situé à trois lieues à peine de *Condate* dont il semble séparé par un continent.

Mais nous devons quitter un instant notre pays. De vives lueurs ont paru en Orient, où se passent les événements qui vont changer la face du monde.

Dans une grotte, sur une montagne, douze personnes de modeste condition viennent de se réunir. Ce sont des pêcheurs, des laboureurs et un percepteur d'impôts. Ils ont entendu quelques années auparavant leur maître prononcer

L'église Saint-Sulpice de Breteuil.

ces paroles mémorables : « Quand j'aurai été élevé de terre, les bras étendus sur la croix, c'est alors que j'attirerai tout à moi », et depuis, après la mort et la résurrection du Sauveur, ils ont reçu la vertu du Saint-Esprit. Pierre leur chef, dans un premier discours, a converti trois mille personnes. Le cadre de l'Église primitive de Jérusalem s'est rompu, le moment est arrivé d'obéir au divin maître, il faut se séparer pour ne plus se revoir en ce monde. Mais cette séparation doit nécessairement être précédée par la création d'un signe de ralliement permettant aux adeptes de Jésus de se reconnaître jusque dans les points les plus reculés de l'univers.

C'est pour arrêter les termes de ce signe ou symbole que les douze apôtres viennent de pénétrer dans cette grotte à quelques pas du lieu où ils ont vu, sept ans auparavant, Notre-Seigneur Jésus, les yeux fixés sur le Calvaire, s'élever et disparaître dans une nuée du ciel.

« Tandis que le monde entier adorait à la face du soleil « mille divinités honteuses, douze pêcheurs, cachés dans « les entrailles de la terre, dressaient la profession de foi « du genre humain et reconnaissaient l'unité de Dieu créa- « teur de ces astres à la lumière desquels on n'osait encore « proclamer son existence. Si quelque Romain de la cour « d'Auguste, passant auprès de ce souterrain, eût aperçu « les douze Juifs qui composaient cette œuvre sublime, quel « mépris il eût témoigné pour cette troupe superstitieuse ! « avec quel dédain il eût parlé de ces premiers fidèles ! et « pourtant ils allaient renverser les temples de ce Romain, « détruire la religion de ses pères, changer les lois, la « politique, la morale, la raison et jusqu'aux pensées des « hommes[1]. »

[1] Chateaubriand, *le Génie du Christianisme;* in Drioux, *les Apôtres.*

Saint Léon a remarqué que le symbole renferme autant de propositions qu'il y a d'apôtres. Cette observation a donné lieu à penser que chaque apôtre est l'auteur d'une proposition. Pierre aurait dit : « Je crois en Dieu, le père tout-puissant, créateur du ciel et de la terre. » Jacques le Mineur : « Je crois en Jésus-Christ, son Fils unique, notre Seigneur. » André : « qui a été conçu du Saint-Esprit, est né de la Vierge Marie. » Philippe : « Qui a souffert sous Ponce Pilate, a été crucifié, est mort et a été enseveli. » Thomas : « Qui est descendu aux enfers et le troisième jour est ressuscité des morts. » Barthélemy : « Qui est monté aux cieux, qui est assis à la droite du Père tout-puissant. » Mathieu : « Qui, de là, viendra juger les vivants et les morts. » Jacques le Majeur : « Je crois au Saint-Esprit et à la sainte Église catholique. » Simon : « La communion des saints et la rémission des péchés. » Jude : « La résurrection de la chair. » Mathias : « La vie éternelle. »

Nous noterons en passant que le soin d'affirmer la résurrection a été réservé à Thomas !

Et puis les messagers de la bonne nouvelle se séparèrent dès l'aurore, marchant à la conquête du monde. Et on entendait ces envoyés de Dieu émettre des idées vraiment singulières. « Les richesses, disaient-ils parfois, ne doivent pas être le but de la vie, elles constituent souvent le plus grand obstacle au salut des âmes ! » Les Romains, sans cesse portés à entasser pour jouir, écoutaient, étonnés, comprenant difficilement. Les Juifs, tellement âpres au gain que Moïse n'avait pas hésité à leur offrir l'abondance des biens de la terre comme récompense de la bonne conduite, comprenaient trop bien et déclaraient absolument épouvantable une doctrine pour laquelle ils éprouvaient une répulsion invincible.

IV. — Les disciples et les parfaits. Fleurs d'Orient ; Fruits d'Occident

Ce qu'il y a d'admirable dans la doctrine évangélique c'est que, au-dessus des vertus communes que tout le monde doit pratiquer, il y a les vertus exceptionnelles que Jésus montre aux cœurs les plus héroïques comme le but suprême que peut atteindre l'effort de l'homme : « Si vous voulez être parfaits, allez, vendez ce que vous avez et suivez-moi. »

Il y eut donc parmi les adeptes du Christ, à côté des disciples et des fidèles se contentant de suivre les règles obligatoires, des natures plus vibrantes, quelque chose comme une armée d'élite, qui, dès l'an 50, lorsque Marc évangélisait Alexandrie, s'enfonçait dans les campagnes d'Égypte, ouvrant la voie aux ascètes, aux ermites et aux moines qui devaient porter si haut la gloire de l'Église : c'étaient les Parfaits.

A cette époque, Paul, toujours sur la brèche, toujours aux endroits les plus périlleux, attaquait avec une vigueur inouïe le polythéisme antique dans cette ville d'Antioche, ramas de bateleurs et de courtisanes, ville de jeux et de courses, où s'entassaient les bacchanales et toutes les folies de l'Orient.

Simon Pierre exerçait sur les communautés naissantes sa haute surveillance et dans la maison du sénateur Pudens à Rome où il s'était réfugié, il donnait l'onction sainte à ceux qui allaient évangéliser l'Occident. C'est ainsi qu'il envoya en Gaule Trophime, Martial, Austremoine, Saturnin et Valère, et là encore, là comme partout, la parole embrasée de ces hommes qui avaient vu Pierre, lequel avait vu le

Seigneur, produisait les mêmes effets, chacun s'empressant de soumettre son esprit à la direction suprême de celui qui par lui-même et dans tous les temps par ses successeurs, devait être le flambeau de vérité éclairant les hommes. *Ubi Petrus, ibi Ecclesia !*

Cependant la vie monacale contemplative avait continué en Égypte son extraordinaire développement avec les Paul, les Basile, les Macaire et un très grand nombre d'autres. Les fleurs poussent vite en Orient, mais les fruits ne donnent pas toujours ce qu'avaient promis les fleurs. Lorsque, en 340, l'idéal évangélique fait moine sous la forme d'Athanase, vint apporter à Rome la vie écrite des moines du désert, il fut reçu avec une certaine réserve. On cacha sous des formes polies l'impression ressentie par les meilleurs chrétiens. Quelques-uns laissèrent entrevoir que la façon de vivre des solitaires leur paraissait sinon insensée du moins ridicule [1].

Les Romains, nés législateurs, moins spéculatifs et toujours pratiques, circonscrivant l'idée dans le domaine du possible, hésitèrent avant d'adopter les théories d'Athanase et leurs hésitations servirent sans aucun doute à donner à la vie monacale une direction un peu différente qui devait lui permettre de produire par la suite des résultats tellement considérables, tellement merveilleux que l'esprit humain en est en quelque sorte confondu. Après

[1] *Saint Benoit, son action religieuse et sociale par Dom Louis Tasti* (Desclée de Brower et Cie, Société de Saint-Augustin). Retiré dans sa solitude Benoit reçut un jour un prêtre qui lui apporta un repas confortable autorisé par la solennité du jour. « Je sais que c'est Pâques, dit Benoit, puisque j'ai le bonheur de vous voir. » C'est avec cette courtoisie de gentilhomme romain qu'il reçut la première personne qui se fut présentée à lui depuis trois ans. On a pu lire plus tard dans la règle de l'ordre écrite de sa main : « *Omnes supervenientes hospiter tanquam Christus suscipiantur.* » Benoit unifia le code monastique, ferma la porte à l'arbitraire des supérieurs et à la licence des subordonnés. Il divisa en 12 monastères les religieux qui le voulurent pour maitre, mais il garda toujours autour de lui une élite réservée aux grandes destinées.

Eusèbe, Ambroise et Augustin, le grand artisan du monachisme occidental, naquit à Norcia en 480, il quitta Rome où il étudiait pour fuir la société des jeunes gens qui, paraît-il, n'était pas très recommandable, et vint vivre dans une grotte pour prier et méditer. Cet homme, ascète et romain, père des archives du monde, conservateur des produits de la raison humaine, également honoré par les gens de toute religion et même par ceux qui affirment n'en avoir aucune, est à coup sûr un des plus illustres parmi les enfants des hommes. C'est lui qui ennoblit le travail, portant ainsi le premier coup de hache à l'arbre de l'esclavage. C'est lui qui par cette seule réforme aurait sauvé l'empire romain, si l'empire eût pu être sauvé.

Ce météore du ciel italien est peut-être le seul grand homme auquel chacun de nous doit quelque chose. Il se nommait Benoît et appartenait à une famille illustre. Deux de ses disciples Placide et Maur qu'il destinait à la Gaule étaient comme lui de grande noblesse ; il reçut aussi au mont Cassin les Boniface, les Rabau, les Bède et même pour un temps le grand saint Thomas d'Aquin.

Maur fonda en France l'Abbaye de Grandfeuil, mère féconde dont les enfants rendirent à notre pays les plus signalés services.

Et puisque nous habitons non loin de ce qui fut l'illustre et glorieuse abbaye du Bec, qu'il nous soit permis du fond de notre néant d'adresser à ces grands morts qui furent des évêques, des papes et des rois, des érudits et des savants, des maîtres dans la critique et dans la science historique, des précurseurs dont la méthode fleurit de nos jours dans la savante Allemagne le pieux tribut d'admiration et de respect du plus humble et du plus indigne d'entre nous tous.

Ce grand sanctuaire d'érudition que fut l'Abbaye du Bec va bientôt avoir son histoire et certes, en dehors de la grandeur du sujet, le nom de l'historien suffit à expliquer l'impatience avec laquelle elle est attendue.

La vie cénobitique avait existé en Occident dès le quatrième siècle, mais les ermitages et les monastères n'avaient généralement pas de règles fixes. La volonté d'un ermite élu par ses frères tenait lieu de loi. Ces communautés furent en grande partie absorbées par les Bénédictins qui servirent toujours de modèles aux parfaits isolés et indépendants[1]. Nous en verrons un exemple dans l'union du prieuré de Notre-Dame du Désert avec l'abbaye de Lyre.

Mais six siècles avant la création de notre prieuré un modeste oratoire créé ou inauguré par *Melanius* surmontait la crypte que nous possédons encore aujourd'hui.

V. — Mélaine au désert

Vers l'an 460, pendant que Gaud administrait le diocèse d'Evreux si longtemps privé de pasteur. Le saint pape Léon Ier occupant le siège de Pierre, quelques personnes d'une grande piété construisirent un ermitage au Désert. Parmi elles se distinguait, dit-on, un jeune breton du nom de *Melanius* né à Platz Plaes ou Plees près de Vannes.

Il est de croyance générale dans nos contrées que ce personnage qui devint évêque de Rennes fut le fondateur de l'ermitage.

Quoi qu'il en soit, il est certain que *Melanius* voyagea dans nos pays et prit l'habit monastique. C'était un homme d'une extraordinaire beauté, d'une conversation pleine de

[1] Elles furent si bien absorbées que Charlemagne vers la fin du VIIIe siècle, faisait demander dans les diverses parties de son empire s'il existait d'autres moines que les Bénédictins (Guizot).

charme, d'un abord des plus agréables, d'une grande instruction et d'une élévation d'esprit peu commune. Il méprisa toujours les joies du monde et mourut vierge.

Il fonda un monastère dans son pays d'origine et ne craignit pas d'utiliser à cet usage un ancien temple païen.

A la mort de saint Amand, évêque de Rennes, il dut céder aux menaces du peuple et se laisser imposer par son métropolitain le lourd fardeau de l'épiscopat.

Lorsque Clovis vint en Bretagne, il fut émerveillé de rencontrer en *Melanius* tant de précieuses qualités réunies. il le prit pour confident et bientôt après pour ami.

Ce sont les avis de *Melanius* qui décidèrent Clovis à construire un grand nombre d'églises et de monastères et à réparer les temples qui avaient eu à souffrir du malheur des temps.

C'est aussi le même *Melanius* qui proposa au chef barbare la réunion d'un concile à Orléans destiné à servir de couronnement à l'œuvre d'intime alliance entre la monarchie des Franks et l'Église catholique.

Inspirateur du concile, il en fut aussi le directeur et, en quelque sorte, l'âme. Entouré de trente-deux évêques de la Gaule parmi lesquels nous citerons Cyprien de Bourges, Gildard de Rouen, Héraclius de Paris, Boïcer de Cahors, Licharedus de Séez, Livanius de Senlis, Eusèbe d'Orléans, il signa les canons avec ses collègues le 2 des ides de juillet en 511.

On lit dans les Bollandistes, 6 janv. « *Crescente vero in* « *eo corporis ætate divinæ quoque providentiæ in eo quotidie* « *crescebat effectus. Denique virile tandem potitus ætate con-* « *tempsit spurii Mundi gaudia, ut liberius impleret summi* « *Regis Munia, et fit monachus religioso sese circumdedit* « *habitu.*

« *Fuit autem forma præcipuus, corpore castus, mente devo-*

« *tus, affabilis colloquio, amabilis aspectu, prudentiâ egregius,* « *temperentia clarus, zelo Dei et amore fecundus, perpetuæ-* « *que virginitatis haud erat admonitus custos.* »

Il semble que Melaine se retira à Platz pour y mourir en l'an 531-533. Puis, en 840, Salomon, roi de Bretagne, fonda à Rennes un monastère dont l'église est aujourd'hui une paroisse de cette ville. Le corps du glorieux saint y fut transporté en grande pompe.

La dévotion à saint Mélaine est répandue en Normandie et ceci n'aurait rien de surprenant si nous n'avions pas remarqué qu'elle est beaucoup plus établie *dans la haute Normandie que dans le bas pays normand qui touche le pays breton dont il ne diffère d'ailleurs en aucune façon.* Il y a eu pensons-nous un centre monastique honoré par la présence du saint ami de Clovis et ce centre est l'ermitage de Notre-Dame du Désert dans la haute Normandie. Aucun monastère n'a la prétention dans nos régions d'avoir possédé le saint et nous ne pensons pas que l'on puisse contester au Désert le très grand honneur qu'il est seul à réclamer.

Nous reviendrons un jour sur cette question que nous espérons, grâce à un concours inattendu, résoudre définitivement : mais, comme cela nous entraînerait trop loin de l'objet de notre travail, nous nous contenterons pour le moment de soumettre à l'appréciation du lecteur bienveillant les considérations qui vont suivre.

Un manuscrit de Guillaume d'Evreux, premier prieur claustral de Sainte-Barbe et ermite au Désert, nous apprend que l'ermitage très ancien avait à son époque « grand renom de sainteté ». Avenelle qui cite ce manuscrit ajoute un peu plus loin :

« On tient par tradition que le grand saint Mélain, « évesque dont l'image est sur l'un des autels de la cha- « pelle a faict longtemps sa demeure en cette saincte soli-

« tude et que ce fust à son commandement que les gre-
« nouilles de la mare ou vivier du jardin qui l'importunoient
« et l'empeschoient de prier Dieu en paix et tranquillité se
« teurent et gardèrent depuis un profond et respectueux
« silence, ce qu'elles observent encore de présent au dire
« de plusieurs et du moins si elles crouassent ce n'est pas
« sy souvent ni sy fort comme celles qui sont dans les
« lieux circomvoisins. »

« L'image » dont parle Avenelle est une statue en pierre représentant Mélaine revêtu de l'habit épiscopal, il porte le *tau* et non la *crosse*, ce qui indique, croyons-nous, une très haute antiquité puisque cette forme de bâton pastoral était celle en usage aux VIIe, VIIIe, IXe, Xe siècles et non après.

Cette statue est grossièrement exécutée et, sans conteste, rien en elle ne fait soupçonner l'admirable beauté du saint, « formâ præcipuus », suivant l'expression des Grands Bollandistes.

Ainsi, depuis les temps les plus reculés, Mélaine a été honoré ici : il a eu son autel, il a sa statue et cette statue est contemporaine de l'ermitage. Nous sommes en présence d'une dévotion ininterrompue à peu près inexplicable si Mélaine n'a pas habité le Désert. Voilà, ce nous semble, de quoi donner à réfléchir. Pour nous, Mélaine a vécu ici, le peuple le croit et les petits enfants de notre pays vous racontent le miracle des grenouilles. Les Bollandistes disent qu'il se fit religieux dans sa jeunesse, et nul ne les contredira. Nous espérons prouver un jour qu'il se fit religieux à Notre-Dame du Désert, mais sincèrement nous le croyons, car l'ensemble de probabilités que nous établissons nous paraît toucher d'un peu près la certitude historique. Nous recommandons aux visiteurs de ne pas oublier, avant de quitter la chapelle pour descendre dans la crypte, de donner quelques instants à l'antique statue de ce grand saint.

VI. — La crypte

Lorsque vous vous trouvez devant la porte géminée de la chapelle, s'il vous arrive de suivre le chemin qui, en s'éle-

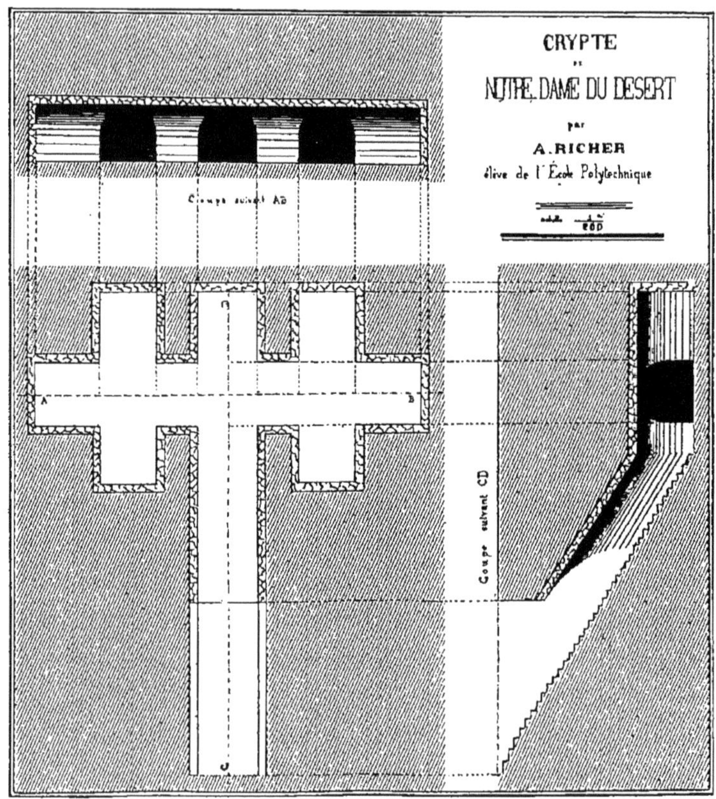

vant légèrement à votre gauche, va rejoindre la cour de la ferme vous remarquerez une petite construction dans laquelle se trouve le pressoir de la ferme et qui est située sur le point le plus élevé de la propriété.

Au nord et tout auprès se trouve une excavation formée

par un sentier descendant vers le sud et formant avec l'horizon un angle de 33°. Après un parcours de 7 à 8 mètres vous atteignez l'entrée de la crypte de Notre-Dame du Désert.

La porte franchie, vous descendez encore quelques marches en grison et vous vous trouvez sur le sol horizontal dans son ensemble tel que l'ont formé pendant des siècles les eaux pluviales entraînant les boues caillouteuses du sentier de descente et de ses parois. Si tous les débris sur lesquels vous marchez étaient enlevés le vrai sol serait à 6^{m},60 du plancher du pressoir et à 2 mètres de la voûte dans son milieu. Les murailles latérales sont aussi à 2 mètres les unes des autres.

Comme le sol artificiel prend par places une épaisseur de 60 à 80 centimètres vous agirez prudemment en vous munissant d'une bonne lanterne. De la sorte vous éviterez les flaques d'eau boueuse du côté droit de la crypte et votre tête risquera moins de prendre contact avec le grison des voûtes.

Vous reconnaissez aussitôt que la crypte dans son ensemble a la forme d'une croix dont le pied est à l'entrée et le sommet vers la chapelle actuelle qui est aujourd'hui, nous le verrons plus tard, ce qu'elle était en l'an 1125 comme forme et comme dimensions.

Si vous pénétrez dans l'aile gauche de la crypte, ou en d'autres termes dans le bras droit de la croix, vous remarquerez que ce bras devient l'axe principal d'une croix secondaire dont la partie transversale a 2 mètres à gauche et 1^{m},80 à droite.

Si au lieu de nous engager à gauche nous avions pris à droite, nous aurions rencontré exactement les mêmes dispositions.

La crypte forme en somme une croix recroisetée haute de 10 mètres, large de 12^{m},55.

Notons en passant que cette crypte n'est ni inférieure, ni adjacente à la chapelle, qu'elle a une profondeur considérable, qu'elle correspond au point le plus élevé de l'enclos et qu'elle est construite en moyen appareil.

La description de cette crypte a été faite par Vaugeois dans son histoire de Laigle ; nous la reproduisons quoiqu'elle renferme quelques erreurs, parce qu'elle est la seule qui existe.

« Ce qu'on appelle la cave de Sainte-Suzanne est une « crypte fort remarquable. Elle est peu connue parce que « n'étant pas, au moins aujourd'hui une dépendance de « l'église, les pèlerins ne la visitent pas. En voici la des- « cription. Elle est à 40 pas de l'église, du côté du nord ; « l'entrée où se trouvait un escalier dont les marches ont « été enlevées est aussi au nord. On dit que l'église était « plus grande autrefois qu'elle ne l'est aujourd'hui. La cave « est à présent sous la partie des bâtiments de la ferme où « est le pressoir dont le toit a contribué à sa conservation. « Elle est du reste ouverte, fort humide et entièrement « abandonnée. Il m'a fallu porter de la lumière pour visiter « l'intérieur.

« Elle a la forme d'une croix recroisetée ayant, du nord « au sud et de l'est à l'ouest, 30 pieds de profondeur. « L'espace entre les parois de la croix est de 6 pieds de « largeur, les croisillons n'en ont que 5 et autant de pro- « fondeur. Le tout est recouvert de voûtes à plein cintre « très bien faites. Les parois et les voûtes sont en grison « (pouding-siliceux-ferrugineux) de moyen appareil, chaque « pierre d'environ un pied de long sur 6 pouces de large, « le tout très bien joint et imitant les constructions romaines « comme la tour Grise de Verneuil, la cave des ruines du « château de Conches et la crypte de Saint-Gervais à Rouen.

« Si cette cave dont on ne sait pas la destination a eu

« pour fondateur Robert de Leycester-Breteuil cela prouve-
« verait que les architectes du XIIe siècle suivaient encore
« pour leurs constructions les méthodes des Romains. »

Qu'est-ce qu'une crypte ? C'est un lieu secret où les chrétiens des premiers âges se retiraient pour célébrer leurs mystères ou enterrer leurs morts. Plus tard, après Constantin, lorsque le nouveau culte put se montrer librement au grand jour on conserva pieusement les cryptes et quand c'était possible on construisit au-dessus des églises ou des oratoires : dès lors elles furent surtout réservées à l'inhumation des membres du clergé et à la conservation des corps saints.

Il est à noter que la crypte des Grecs et des Romains de la république était un cloître à ciel ouvert situé au niveau du sol. [Antony Rich.]

M. l'abbé Malet, professeur d'archéologie, qui n'a eu que la photographie de la crypte comme renseignement pense qu'elle a pu être jadis surmontée d'un oratoire[1]. Quant à l'époque de sa construction il ne saurait se prononcer car le plein cintre a été aussi bien employé dans la période romane que dans la période gallo-romaine.

M. l'abbé Porée, le savant président de la Société des antiquaires de Normandie, n'a pas visité notre crypte. Il pense que chaque croisillon servait à loger une pièce de vin. La crypte était une cave. Quant à sa date, il n'a aucune tendance à la placer dans la période gallo-romaine parce que le grison n'apparaît guère qu'au XIIe siècle.

Nous ne saurions nous dissimuler que nous affrontons quelque peu le ridicule en nous permettant d'avoir une opinion

[1] On peut voir à la Ville-Dieu, commune de Romans, une crypte fort ancienne ayant la forme d'une croix de Lorraine. Cette crypte était surmontée d'un oratoire construit en grison dont les ruines sont parfaitement apparentes.

personnelle sur cette question et nous prions nos savants correspondants de nous réserver toute leur indulgence.

Remarquons d'abord que, bien longtemps avant le XIe siècle il existait au milieu de la forêt de Breteuil, « dans un lieu désolé appelé le Désert », un groupement de personnes pieuses ayant défriché un enclos dans la forêt et mérité un grand renom de sainteté. Ceci est absolument acquis. Peut-on admettre que ces pieuses personnes, quoique laïques, n'avaient pas une église ou tout au moins un oratoire[1] ? Évidemment non. Si cet oratoire était sur un point élevé et certes dans ces époques reculées il y avait bien quelques raisons pour tenir à voir arriver d'un peu loin les voyageurs plus ou moins suspects, il devait se trouver précisément au-dessus de la crypte à la place du pressoir actuel.

[1] Bien que les moines soient communément désignés dans leur ensemble par les mots clergé régulier et qu'on ait pris peu à peu l'habitude de les considérer comme des ecclésiastiques et même comme les plus ecclésiastiques de tous, il n'en est pas moins vrai que, dès leur origine et sous les quatre formes successives sous lesquelles ils nous apparaissent, savoir : les ascètes, les ermites, les moines et les cénobites, ils furent des laïques et *rien que des laïques*.

Sévèrement blâmés dans leurs écarts par les Jérôme et les Augustin, ils comprirent bientôt combien chez eux l'absence d'une organisation indiscutable conduisait au désordre. Nous avons vu Benoit, apparaissant à l'heure voulue, leur infuser une vie nouvelle et jeter les bases de leur incomparable grandeur. Il commença par interdire la propriété individuelle et la volonté personnelle, puis il posa le principe de la perpétuité des vœux, entraînant comme corollaire la création du noviciat. S'il voulut l'obéissance passive, il exigea aussi que le gouvernement fût électif, l'abbé devant toujours être choisi par ses frères. Il voulut aussi que ces grands obéissants soient consultés dans toutes les affaires. Avec cela il imposa une règle douce et modérée, telle enfin que nulle société civile de l'epoque n'était aussi paternelle.

Les moines, dit M. Guizot, n'avaient généralement pas d'église n'ayant pas de prêtres parmi eux, de simples oratoires leur suffisaient. Ils assistaient aux offices dans les paroisses voisines. Leur nombre augmentant ainsi que leur influence le clergé se donna la tâche de les contenir et de les surveiller : aussi voyons-nous les canons des conciles du Ve siècle établir peu à peu la juridiction des évêques sur les monastères On leur attribua des prêtres pour les offices. Le moment arriva où les monastères tombèrent complètement au pouvoir épiscopal, comme les antiques communes tombèrent au pouvoir du Seigneur féodal ; mais monastères et communes, en retenant quelques débris, parfois insignifiants, de l'ancien régime municipal et quelques menues parcelles de leurs propriétés, luttèrent contre le pouvoir épiscopal et contre le pouvoir féodal.

En somme il est curieux de remarquer que le monastère a été l'initiateur de la commune dans la voie de la liberté (voy. Guizot, *Histoire de la civilisation en France depuis la chute de l'empire romain*).

Notre-Dame du Désert.

Dans l'espèce, le grison peut-il nous guider pour la détermination de l'âge de la crypte ? Nous ne le pensons pas. Pour quelle raison les ermites du ve et du vi^e siècle auraient-ils été chercher au loin une autre pierre quand tout près d'eux se trouvent de nombreux affleurements de grison ?

Le ferron Gaulois qui établissait de méchantes murettes en grison dans les clairières pour installer son fourneau était-il du xiie siècle ? L'église de Breteuil n'est-elle pas du xie siècle ?

Enfin, pour quel motif les ermites auraient-ils construit à 7 mètres de profondeur une cave si compliquée quand avec trois fois moins de travail ils auraient pu loger trois fois plus de vin dans les conditions ordinaires ? Assurément la main-d'œuvre n'était pas chère, mais le temps avait toujours sa valeur et les moines savaient parfaitement l'employer au mieux de leurs intérêts.

Nous croyons devoir admettre que la crypte de Notre-Dame du Désert, après avoir été le refuge et l'abri des premiers ermites dans les périodes troublées des invasions, a servi à dissimuler ce qui devait être particulièrement protégé contre les coureurs de route.

Plus tard, au commencement du xiiie siècle, lorsque le Prieuré reçut les reliques de sainte Suzanne, c'est dans la crypte qu'elles furent placées. Le peuple s'habitua à croire que tout le corps de la sainte était là, puis qu'elle y avait vécu. Par la suite des temps, les reliques ayant été transportées dans la chapelle construite en partie avec les débris de l'ermitage, la crypte fut utilisée comme cave du xve au xviiie siècle[1]. « Comme la cave voûtée de dessous le pressoir « est fort bonne, dit Avenelle, il faut faire travailler à la

[1] *Mémoires instructifs du Noble fief de Notre-Dame du Désert*, par Avenelle, *Arch. de l'Eure*.

« voûte de la descente qui pourrait périr faute d'un peu de « réparation qui, à la suite, deviendrait si grande qu'on ne « voudrait plus l'entreprendre. »

Puissions-nous voir un jour la crypte déblayée, rendue d'un abord facile, protégée contre toutes les causes de destruction, pieusement et prudemment restaurée. A l'extrémité du bras droit de la croix on pourrait peut-être placer une réduction de la statue de Notre-Dame du Désert. A l'occident dans les mêmes proportions sainte Suzanne martyre; puis au sommet de la croix, s'apercevant dès l'entrée dans la crypte sombre, un Christ en marbre blanc éclairé par des lampes latérales.

Laissons un instant notre canton et portons nos regards vers l'Italie où nous allons trouver celle qui devait être au XIIIe siècle la patronne du prieuré du Désert.

CHAPITRE II

SAINTE SUZANNE

I. La persécution Dioclétienne. La famille de Suzanne. La vie patricienne à Rome, au temps de Suzanne. — II. La vie et la mort de sainte Suzanne. — III. La dévotion à sainte Suzanne dans les Gaules. — IV. Reliques de sainte Suzanne.

I. — La persécution dioclétienne. La famille de Suzanne. La vie praticienne a Rome au temps de Suzanne

Le touriste qui de nos jours parcourt les côtes de la Dalmatie, ne saurait manquer d'admirer près de Salone les ruines d'une villa gigantesque. Là s'éteignit en l'an 313 un des plus grands empereurs romains qui eut le rare bonheur de se maintenir aussi longtemps qu'il le désira sur un trône chancelant après avoir rétabli l'ordre dans ses États et assuré la sécurité des frontières.

Vingt ans auparavant, ce prince qui se nommait Dioclétien avait proclamé deux césars d'origine Illyrienne Galère et Constance Chlore : ce dernier après avoir répudié sa femme la vertueuse Hélène dut épouser Théodora et Galère devenu vœuf par la mort de Valérie, fille de l'empereur reçut l'ordre d'épouser Suzanne, petite-nièce de Dioclétien.

On n'ignore pas que les proclamations anticipées de Césars n'avaient d'autre but que de protéger le maître. A une époque où les généraux ambitieux trouvaient bien des facilités pour escalader les marches du trône, la désignation prématurée des héritiers de l'empereur plaçait entre celui-ci et les ambitieux flatteurs du peuple les intérêts immédiats de deux puissantes maisons (Duruy).

Pendant nombre d'années, Dioclétien avait respecté la liberté de conscience accordée aux chrétiens par Gallien en l'an 260. Il ignorait peut-être que son épouse l'impératrice Sérène était chrétienne, mais il savait à coup sûr que ses neveux Gabinius [1], père de Suzanne, et Caïus [2] appartenaient au nouveau culte. Par un revirement dicté par des considérations dont l'étude nous entraînerait trop loin et auquel la résistance de sa petite-nièce ne fut peut-être pas étrangère, il ouvrit de nouveau l'ère des persécutions. Mais il eut beau ajouter ses efforts à ceux des Néron, des Domitien, des

[1] Gabinius prêtre est vénéré comme saint.

[2] Caïus, dalmate d'origine, fut souvent obligé de se cacher dans les cavernes avec son frère Gabinius. Élu pape en 283 il succédait à saint Eutichyen (275-283).

Il a été le vingt-huitième successeur de saint Pierre et non le dixième comme cela a été écrit par erreur. Il rendit un décret aux termes duquel nul ne pouvait être promu à l'épiscopat s'il n'avait été portier, lecteur, exorciste, acolyte, sous-diacre, diacre et prêtre. Il tint quatre fois les ordres au mois de décembre, nous dit l'abbé Rohrbacher dans son *Histoire universelle de l'Église catholique*. Il fut pape onze ans quatre mois et douze jours selon Damase. douze ans quatre mois et cinq jours d'après le cardinal Baronius. Il est l'auteur d'une épitre sur le mystère de l'incarnation du verbe éternel. Il fut martyrisé l'an du Seigneur 296 le 22 avril jour auquel l'Église célèbre sa fête. — Nous trouvons dans Rohrbacher la liste des successeurs de Pierre : saint Pierre (42-65), saint Lin (65-67), saint Clément Ier (68-76), saint Clet (77-83), saint Anacle (83-96), saint Evariste (96-109), saint Alexandre Ier (109-119), saint Sixte Ier (119-127), saint Télesphore (127-139) saint Hygen (139-142), saint Pie Ier (142-157), saint Anicet (157-168), saint Soter, (168-177), saint Eleuthère (177-193), saint Victor Ier (193-219), saint Calixte Ier (219-223), saint Urbain (223-230), saint Pontien (230-235), saint Anthère (235-236), saint Fabien (236-250), saint Corneille (251-252), saint Lucius (252-253), saint Étienne Ier (253-257), saint Sixte II (257-258), saint Denys (259-269), saint Eutichyen (275-283), saint Caïus (283-296). Un seul de ces papes, Victor, *vit les années de Pierre*.

Trajan, des Hadrien, des Antonins, des Marc-Aurèle, des Sévère, des Maxime, des Décius et des Valérien, l'âme avait vaincu la matière, et les fiers Romains, maîtres du monde, qui n'avaient jamais capitulé après une défaite, allaient bientôt faire la paix quoique honteusement battus.

Dioclétien, dégoûté du pouvoir, poursuivi par les remords, triste et malade, se réfugia dans la somptueuse villa de Salone, désirant passer sa vieillesse loin du bruit et des affaires, tandis que Goths et Burgondes accouraient porter du côté des chrétiens avec leur âme jeune l'influence écrasante du nombre et de l'autorité. Sollicité un jour de reprendre le pouvoir il répondit à Maximin en philosophe désabusé : « Si tu pouvais voir, mon ami, les beaux légumes que je fais pousser moi-même dans mon jardin, tu ne me parlerais plus de pareilles fatigues. »

L'héroïne dont nous devons retracer la vie vivait à Rome dans cette société composée de deux éléments opposés. Nous saisirons mieux la beauté de sa vie et de sa mort si nous jetons un coup d'œil sur ce qu'aurait put être l'existence de la petite-nièce du maître du monde si elle était restée païenne.

A cette époque, les arts favorisés par le despotisme et surtout par l'accumulation des richesses dans des mains peu nombreuses, atteignaient une perfection inouïe et la ville puisait sans cesse dans le torrent des jouissances matérielles, incapable désormais de donner une pensée à la liberté perdue sans retour.

Des portiques décorés de deux colonnes ornaient les demeures des Patriciens pavées en marbre ou avec des dalles de bronze[1]. Sur les portes d'airain de ces habitations somp-

[1] *Atria... purpureus effulta columnis* (*Statius*).
Et tua centenis incumbunt tecta columnis (Mart., lib. V. épig. XIII).

tueuses les coquillages incrustés brillaient à côté des pierres précieuses. Dans l'intérieur on ne voyait que lits en argent massif, tables de citronnier soutenues par des pieds d'ivoire. Lampes, vases, coupes, candélabres, tout était en or ou en argent, tout était orné de diamants. Sous les colonnes de marbre rose prodiguées pour la seule ornementation, des piédestaux soutenaient des statues et des tableaux gardés par des chaînes. Des jets d'eau raffraîchissaient les salles lambrissées d'ivoire. Les platanes couvraient de leur ombre les cours intérieures [1].

Devant ces palais dont la hauteur avait été limitée par Auguste à soixante-dix pieds, des milliers de clients se pressaient dès le matin pour saluer le maître.

La Matrone, aussitôt son lever, voyait accourir à elle le foulon, le brodeur, l'orfèvre, le marchand de laine, le patagiaire [2], le chemisier, le fleuriste, le teinturier, le tailleur, le linger, le cordonnier, le strophiaire [3], le rubanier, le passementier, le bahutier, l'enlumineur, le safraneur, etc. Elle donnait ses ordres et tous ces fournisseurs cédaient la place aux cinéraires qui apportaient les fers de la toilette et aux ornatrices habiles à construire l'élégant édifice des cheveux à les teindre en rouge ou encore à dissimuler les tresses brunes sous la blonde chevelure enlevée à quelque esclave germaine.

Alors la patricienne revêtait l'*Indusium*[4] ; l'esclave apportait les parures disposées avec grâce et, son choix fait, elle

[1] *Foribus testudinis Indi.*
Terga Sedent fulve maculas distincta smaragdo (Lucanus, l. X). *Quantum Statuarum quantum columnarum est nihil sustinentium sed in ornamentum positarum impensæ gratia* (Seneca, epist. 86).

[2] Celui qui vendait le *Patagium*, bande d'étoffe parsemée de feuilles de petites pièces d'or et de pourpre dont les matrones ornaient leurs vêtements. Cousue vers l'épaule elle descendait de chaque côté sur les seins.

[3] Le tailleur pour collerettes.

[4] La tunique d'intérieur.

se couvrait de la *Stola* de pourpre dont les plis majestueux tombaient jusqu'au talon, puis, jetant par-dessus le *Pallium* broché d'or, elle entrait dans sa litière. Là, à demi couchée sur un pulvinar de soie embaumé de roses et portée par six esclaves de Germanie, elle allait se délasser dans les thermes : ensuite le corps inondé de parfums, le front ceint d'une couronne de lavande fleurie entremêlée de roses, elle entrait dans le *Triclinium*. La table couverte d'étoffes en lin de Cahors recevait les mets les plus recherchés et les glaces des Alpes venaient rafraîchir les vins généreux de l'Hispanie, de l'Italie et de la Gaule. Bientôt les flûtes murmuraient leur molle et langoureuse mélodie et les danseuses de Cadix venaient exécuter devant les convives leurs saltations obscènes (Mary. L.). Rome s'endormait. Elle n'entendait pas le gémissement des pauvres mourant de faim dans les forêts. Bientôt un grand bruit de chevaux battant le sol se fit entendre dans le lointain, des cris confus mêlés au cliquetis des armes se rapprochaient peu à peu et, à la lueur des torches étincelantes, les riches patriciens purent voir tout à coup les Barbares du Nord s'avancer et les chrétiens leur tendre la main !

Ne semble-t-il pas que l'on entend la grande voix du prophète Isaïe : « J'ai dit au Septentrion qu'il les amène et au Midi de les laisser venir ! »

II. — La vie et la mort de sainte Suzanne

La naissance de Suzanne la destinait à ce monde brillant ; deux saints lui en inspirèrent l'horreur ; son père, homme docte et probe, et son oncle le pontife Caïus. Elle pouvait égaler et dépasser par son luxe le luxe effréné des plus riches. Elle préféra le martyre à la couronne impériale[1].

[1] Pierre d'Aquilée dans son catalogue des saints, 1534, a retracé les principaux traits de la vie de Suzanne. Son récit semble avoir inspiré les diverses notices que nous possédons sur cette admirable Sainte et dont un bon nombre ont été publiées par des chapelains de Notre-Dame du Désert ou des curés de Saint-Christophe des Baux. Ces diverses relations sont loin d'être concordantes sur tous les détails de la vie et de la mort de la sainte. Dans notre courte notice nous n'avons reproduit que les faits relatés dans *toutes les vies antérieures*. Nous croyons devoir reproduire ici les notes biographiques prises dans les grandes sources (Boll).

De sancta Suzanna, Virgine
decollata die undecima Augusti, anno salutis 295
Diocl. regnante

Sainte Suzanne était une patricienne : elle était née deux fois illustre, selon la grâce et selon la chair : fille de saint Gabinius, nièce de saint Caïus qui fut pape, elle était de sang impérial ; son père s'était fait prêtre, c'est dire dans quels sentiments il éleva sa fille. Elle était entourée de pieux exemples et fortifiée dans la foi par la vue fréquente des martyrs que les persécutions menaient aux derniers supplices. Son âme fut comme trempée dans le sang des témoins du Christ. Aussi, devenue jeune fille, Suzanne résolut de rester vierge et de n'avoir d'autre époux que Jésus dont elle avait compris les charmes divins. Hélas ! il devait lui arriver ce qui advient fréquemment aux jeunes filles de famille princière. Valérie, fille de l'empereur Dioclétien mourut, elle était femme de Maximien Galère. L'empereur voulut donner au prince une autre épouse de sa parenté : il jeta les yeux sur Suzanne. La jeune fille de Gabinius avait tout ce qu'il faut pour séduire, son esprit cultivé, sa douceur et sa beauté. Elle était même, disent les contemporains de son martyre, extraordinairement belle. Son oncle occupait le trône de Pierre et, si hostile que fut Dioclétien à la religion nouvelle, il préférait encore à ce moment l'établissement de sa maison à la ruine du Christianisme. Ces sentiments devaient changer plus tard, on le verra dans la suite de ce récit. Il fit donc demander la main de Suzanne à Gabinius et à Caïus. Le saint prêtre qu'était Gabinius ne refusa pas tout d'abord les avances du Seigneur romain Claude qui était venu transmettre les désirs flatteurs de Dioclétien. Il voulut seulement en conférer avec son frère le pape. Tous deux se demandèrent si ce mariage n'entrait pas dans les vues de la providence. Peut-être que les fureurs des ennemis de l'Église encore si faible s'apaiseraient en voyant sur le trône une impératrice chrétienne et tous deux consentirent à l'union désirée par Dioclétien. Suzanne avait décidé autrement, elle refusa catégoriquement, il était impossible, disait-elle, de l'unir à un homme souillé par les abominations de l'idolâtrie et par le massacre de nombreux chrétiens comme était Maximien qui avait souvent pris part à la persécution que Dioclétien leur avait déjà faite ; d'ailleurs elle s'était consacrée au roi des rois et les suppliait de rompre tous les pourparlers relatifs à ce mariage.

Son père et son oncle, émus d'une telle décision et fiers de son courage, louèrent sa détermination et l'engagèrent à y persévérer. Quelques jours après l'envoyé impérial vint savoir quel accueil avait été fait aux recherches impériales par les parents et par la jeune Suzanne. Caïus fit prévenir la jeune fille et la présenta à Claude qui, suivant la coutume, la voulut embrasser comme sa parente, car en effet il se trouvait être cousin de la jeune fille. Elle le repoussa disant que jamais baiser d'homme n'avait souillé sa bouche et qu'elle ne pouvait en recevoir un de la part d'une personne que le culte des faux dieux rendait abominable à Dieu. Claude fut surpris d'une apostrophe aussi fière et touché subitement par la grâce il demanda à sa cousine comment il pourrait se purifier et devenir agréable à son Dieu. La jeune fille répondit qu'il fallait faire péni-

Préservée contre l'air empesté d'un monde corrompu, elle conserva sa candide innocence de jeune

tence et recevoir le baptême. Caïus et Gabinius s'unirent à Suzanne pour engager leur parent à se convertir au Christianisme. Dans une ardente improvisation ils lui démontrèrent la fausseté et la bassesse du culte païen, la grandeur et les beautés de la loi chrétienne. Claude se fit baptiser avec sa femme Prépédigne et ses deux fils Alexandre et Cathias. Cependant l'empereur s'impatientait : que devenait Claude? Qu'avait répondu la famille de Suzanne à ses flatteuses propositions? Il envoya prendre des nouvelles au domicile de Claude par Maxime, comte des affaires domestiques du palais.

Celui-ci fut fort étonné de voir Claude dans l'état d'un pénitent, les larmes dans les yeux et le dur silice sur les reins : il lui demanda d'où venait ce changement. Claude avoua franchement sa récente conversion à la religion persécutée, confessa combien il avait été coupable d'adorer les idoles et versé le sang de ceux qui étaient à présent ses frères en Jésus-Chrit. Maxime, ébranlé à son tour par ces paroles, demanda à s'instruire des mystères du Christianisme. Claude le mena au pape Caïus qui le baptisa, le confirma et lui donna l'Eucharistie. Ainsi Suzanne convertissait sans prêcher autrement que par son exemple. Après le baptême de Maxime, Claude et lui vendirent tous leurs biens pour secourir les pauvres fidèles que la persécution avait réduits au dernier dénuement.

L'empereur fut averti qu'au lieu de décider Gabinius à donner sa fille à Maximien, Claude et Maxime ayant embrassé la religion du Christ, étaient les premiers à conseiller à Suzanne d'être fidèle à son vœu de virginité. Ces nouvelles l'irritèrent et il fit arrêter Claude, Maxime, Prépédigne, Alexandre et Cathias et les fit mettre à mort à Ostie. Sa colère satisfaite il s'agissait de faire céder Suzanne. Il fit jeter en prison la jeune fille et son père et, après cinquante-cinq jours de détention il leur envoya sa femme l'impératrice Serène à laquelle il ordonna de décider Suzanne. Mais Serène était chrétienne fervente elle-même et elle ne fit que fortifier la jeune fille dans sa résolution d'ailleurs inébranlable. L'empereur entra dans une extrême colère. Comment dompter cette pieuse résistance. Il fit remettre Suzanne en liberté et permit à Maximien d'aller en sa demeure et d'user de violence à l'égard de la jeune fille chrétienne : mais Dieu veillait sur ce corps virginal et un éclatant miracle préserva la chaste enfant.

A peine Maximien eut-il franchi le seuil du domicile de Suzanne, il aperçut la vierge chrétienne se livrant aux occupations modestes de son ménage et aussi un ange éblouissant d'éclat qui se tenait comme un garde fidèle et invincible auprès de l'enfant, se disposant à la défendre victorieusement contre toute agression. Saisi de frayeur, il se retira confondu.

L'Empereur ne se rendit pas encore à cet évident prodige, loin de l'attribuer à l'intervention du vrai Dieu, il prétendit que c'était de la magie. Il ordonna à l'un des officiers de sa maison, Macédonius, d'obliger la sainte à adorer les idoles. Cet officier se rendit chez Gabinius, présenta à la vierge une statue de Jupiter et lui ordonna au nom de l'Empereur de lui offrir l'encens.

Suzanne se jeta à genoux et pria le Dieu des chrétiens avec une ferveur si vive qu'un nouveau miracle se produisit soudainement. La statue de Jupiter disparut et elle fut retrouvée brisée dans la rue. Macédonius, ne pouvant rien gagner par la douceur, recourut aux menaces et aux supplices, il maltraita la sainte dans sa propre maison en lui déchirant le corps à coups de fouets.

Enfin l'Empereur en présence d'une telle inflexibilité ordonna que Suzanne fut décapitée.

Le martyre de cette vierge romaine eut lieu le 11 août 295. Elle fut exécutée secrètement chez elle.

On représente Suzanne avec une couronne à ses pieds, allusion au refus qu'elle opposa aux désirs de Dioclétien.

vierge, tandis que sa beauté émerveillait la ville entière.

Devenue grande, sans en rien dire à ses directeurs, Suzanne fit vœu de ne point se marier et d'adopter pour famille les pauvres et les orphelins.

Cependant Dioclétien, frappé de la vertu, de l'intelligence et de la beauté de sa parente, résolut de la donner pour épouse à son gendre Galère et il chargea un officier du palais nommé Claudius de porter à Gabin les propositions impériales. Suzanne ne fut nullement éblouie par la pensée de cette alliance, elle savait trop bien de quelles trames honteuses sont faites le plus souvent les grandeurs humaines et elle répondit à son père qui venait avant toute chose s'assurer de son consentement. « L'honneur que l'on me fait est grand selon le monde, mais je refuse absolument de me marier. Une chrétienne ne saurait contracter des liens aussi étroits avec un adorateur des faux dieux. » Un frisson d'orgueil s'empara du prêtre Gabinius, son père, qui trouvait dans cette fière réponse de son enfant la récompense de tous les efforts qu'il avait faits pour lui donner les principes austères du Christianisme. Il approuva sa fille avec d'autant plus de joie qu'il avait soigneusement évité de l'influencer en aucune façon.

Trois jours après, Claudius revint pour entendre la décision de Suzanne et il fut frappé d'admiration pour une religion capable d'inspirer un semblable sacrifice. Quelque temps après le pape Caïus baptisait lui-même Claudius, sa femme Propédigne, sa fille Cutia et son fils Alexandre. Cette famille vendit ses biens et se mit au service des pauvres.

Cependant l'empereur envoya Maxime à la recherche de son messager et, à sa grande stupéfaction, celui-ci l'aperçut priant et pleurant devant une image du Christ. Une longue conversation entre Maxime et Claudius eut un excellent résultat, sinon pour l'empereur du moins pour les pauvres de Rome, car le second envoyé, suivant en tout point l'exemple du premier, se laissa aller à la mystérieuse contagion du bien et reçut le baptême.

Dès lors la cour impériale s'habitua de nouveau à la pensée d'employer la force. Cependant l'Empereur désira recourir à une suprême tentative ; il confia à l'Impératrice le soin de venir à bout de l'entêtement de la jeune patricienne. Les deux femmes prièrent et pleurèrent ensemble. Serène ne pouvant guère ne pas admirer la plus haute perfection de sa petite-nièce dont la décision resta irrévocable.

Dès lors le signal de la douzième persécution fut donné. Gabinius, Claudius, Alexandre, Prépédigne, Cutia et Maxime furent conduits à Ostie et jetés à la mer, puis on commença à exercer contre Suzanne désormais sans appui toutes les manœuvres que l'enfer peut conseiller pour la séduction d'une jeune fille. Les attaques, les pièges se succédèrent sans interruption. Un Romain reçut même l'ordre de faire insulte à la vierge, mais un ange envoyé par Dieu la garantit contre tous les périls.

Il fut dès lors décidé de contraindre la jeune vierge à offrir de l'encens à une statue de Jupiter. « Je ne connais qu'un seul Dieu, s'écria Suzanne, créateur du ciel et de la terre, je serai heureuse de mourir pour ma foi et jamais je n'adorerai vos idoles, grossier travail de la main des hommes. » La statue de Jupiter qu'elle repoussa avec violence en prononçant ces paroles alla se briser sur le sol.

Ce fut là le signal de son supplice. Un certain Mardonius la fit mettre à nu et déchira son corps à coups de fouet, puis comme son courage grandissait avec les tortures, un coup de hache lui ouvrit les portes du Ciel.

Dans la nuit qui suivit ce drame horrible, Serène fit enlever le corps de la sainte dans la grotte des martyrs et recueillit son sang dans un voile qu'elle conserva comme une relique précieuse. Le pape Caïus changea en église la maison de Suzanne où elle avait été décapitée. Il alla quelquefois lui-même y célébrer le saint sacrifice en l'honneur de sa nièce devenue une grande sainte. Cette église rebâtie subsiste encore à Rome où elle sert de chapelle aux religieuses Bernardines.

L'Église a placé au rang des saintes huit autres femmes du même nom toutes martyrisées pour leur foi ; ce sont : sainte Suzanne de Salerne (8 janvier) ; sainte Suzanne de Babylone (15 janvier) ; sainte Suzanne d'Italie (12 février) ; sainte Suzanne, humble épouse d'un soldat romain (24 mai) ; sainte Suzanne de Nicopolis, fille d'un prêtre païen (16 juillet) ; sainte Suzanne de la Perse (20 septembre) ; sainte Suzanne d'Eleuthéropolis (20 novembre) et une dernière dont la fête a lieu le 15 décembre.

Quelque temps après la mort de Suzanne la persécution dioclétienne prit fin à la grande joie du jeune Constantin, fils de Constance Chlore, qui s'était toujours fait remarquer par sa douceur envers les malheureux chrétiens. Ce prince monta sur le trône et à la tête de son armée il marcha contre Maxence son rival. Une croix lumineuse lui apparût dans le ciel en lui annonçant la victoire, *in hoc signo vinces !* Il se convertit et rendit en faveur de ses frères le fameux édit de 312.

Un an après, le vieil empereur Dioclétien mourait dans sa villa de Salone.

Alors, spectacle étrange, les idoles renversées furent portées hors du palais de l'Empereur où les disciples du Christ entraient avec leurs épiscopes. Les chefs des légions qui portaient depuis longtemps en secret une image du Christ sur leur cœur exaltèrent d'une sainte joie. Les païens instruits et vertueux qui depuis longtemps pen-

Les ex-voto de la chapelle du Désert.

chaient vers le monothéisme furent remplis d'allégresse cependant que les fidèles de l'ancien culte frémissaient de colère en préparant leur revanche.

Constantin ne faiblit pas. Il refusa de célébrer les jeux auxquels le paganisme attachait la conservation de l'Empire. L'image de la victoire disparut des monnaies; un Christ tissé en fil d'or sur le Labarum était porté à la tête des légions romaines. Harcelé dans sa capitale par les vociférations des païens, Constantin décida d'emporter en Orient toute l'activité de l'Empire; il partit, abandonnant Rome et tout l'Occident aux incursions des Barbares après avoir déployé dans cette colossale révolution la rectitude implacable et la hauteur froide du romain.

III. — La dévotion a sainte Suzanne dans les Gaules

Il nous semble très aisé d'expliquer pourquoi notre patrie renferme un si grand nombre d'églises, de chapelles et d'oratoires dédiés à sainte Suzanne. L'époque où cette illustre Romaine fut décapitée est aussi celle où les pontifes romains envoyèrent dans les Gaules un grand nombre d'évêques, personnages remarquables par leurs vertus et par l'ardeur de leur foi. Grâce à la force morale que ces envoyés du saint-père trouvaient dans l'édit de Constantin, ils avaient une autorité et une influence toujours croissantes et quand ils désirèrent dédier des sanctuaires à une sainte récemment martyrisée, nièce de l'Empereur et nièce du Pape, nul ne pouvait songer à s'y opposer. Plusieurs de ces pontifes romains avaient connu Suzanne à Rome, un grand nombre d'entre eux, tous peut-être, avait célébré le saint sacrifice dans l'oratoire secrètement élevé sur le lieu où reposait son corps, entourés des membres les plus éminents de l'aristocratie chrétienne, descendants des illustres familles du temps de la République.

Les églises dédiées à sainte Suzanne sont très nombreuses, et quand nous pensions en connaître le nombre nous étions toujours obligé de l'augmenter. Les communes portant le nom de la sainte sont celles qui renferment les églises le plus anciennement dédiées. Nous avons Sainte-Suzanne (Ariège) ; Sainte-Suzanne (Aube) ; Sainte-Suzanne (Doubs) ; Sainte-Suzanne (Manche) ; Sainte-Suzanne (Morbihan) ; Sainte-Suzanne (Basses-Pyrénées) ; Sainte-Suzanne (Somme) ; Sainte-Suzanne (Ardennes), etc.

Il y a aussi dans les Ardennes une commune désignée sous le nom de Suzanne. On peut y voir un château fort flanqué de six tours, construit au IXe siècle. Sainte-Suzanne (Doubs) est adossé à un massif de rochers renfermant une grotte dans laquelle on voit une très jolie fontaine. Sainte-Suzanne (Manche) est près de Saint-Lô. Il y a dans le même département une autre Sainte-Suzanne à côté de Coutances.

Mais de toutes les communes dénommées Sainte-Suzanne et possédant une église dédiée à cette sainte, celle qui présente pour notre patrie et pour nous le plus d'intérêt, celle qui d'ailleurs a donné naissance à la dévotion de la sainte dans le prieuré du Désert c'est Sainte-Suzanne (Mayenne).

Tout le monde a entendu parler de ce nid d'aigle que l'on aperçoit de fort loin et de ses murs vitrifiés. L'Erve coule aux pieds de ce massif rocailleux que surmonte encore l'antique château des vicomtes de Sainte-Suzanne. Ce que l'on sait moins, c'est que les vicomtesses de Sainte-Suzanne, devenues baronnes de Laigle en Normandie, ont été abbesses de la Chaise-Dieu entre Laigle et le prieuré du Désert précisément à l'époque où notre prieuré appartenait comme Chaise-Dieu à l'ordre de Fontevrault !

Ce vieux château du Maine a eu dans l'histoire l'insigne honneur de lutter pendant quatre ans contre celui-là même qui avait conquis l'Angleterre en un jour. Perle perdue au milieu des landes et des genêts, précieux fleuron tombé de la couronne du moyen âge, aussi remarquable que les plus beaux sites de la sainte Bretagne !

« Vue du tertre Gane l'œil embrasse la silhouette assez pauvre du château actuel, les ruines vêtues de lierre du vieux donjon, la flèche ardoisée de l'église, la poterne, les versants de la vallée tantôt hérissés de rochers, tantôt semés de bouquets et de verdure. Montez un peu davantage, Sainte-Suzanne se dessine comme un navire à l'ancre dépourvu de ses agrès sur un océan de verdure et d'azur [1]. »

Dans les environs nous remarquons un étang dont on retira jadis un poisson pesant 44 livres [2] qui fut envoyé vivant au duc de Praslin à Paris, et des villages qui se nomment Saint-Nicolas, les Loges, le Moulin de l'Etang, la Poterie, les Landes !

IV. — Les reliques de sainte Suzanne

Nous lisons aux premières pages du manuscrit d'Avenelle sur le noble fief du prieuré de Notre-Dame du Désert : « Il « est difficile de dire au vray en quel temps l'on a com-« mencé d'invoquer sainte Suzanne en cette chapelle et « l'occasion qui a faict naistre cette dévotion ; il est très « constant qu'elle est très ancienne et qu'elle a toujours

[1] Voir manuscrits communiqués par M. le curé doyen de Sainte-Suzanne, Laudais, et M. de la Sicotière, cité dans ces manuscrits.

[2] Nous prions le lecteur de remarquer que l'étang de Sainte-Suzanne n'était pas alimenté par les eaux de la Garonne.

« esté très grande, et de nos jours l'on voit encore les pel-
« lerins y venir par dévotion de huict à dix lieues et plus
« loing et j'ay ouy dire que anciennement plusieurs chap-
« pelains ne pouvaient fournir à satisfaire à leur dévotion.
« L'église a toujours été honorée du titre de Notre-Dame
« du Désert et si sainte Suzanne y a été honorée c'est à
« cause d'une partie importante et précieuse de ses reliques
« que l'on y conserve bien soigneusement en une châsse
« dorée et un bras aussi doré : et cette vierge martyre, y
« ayant donné des marques d'une protection spéciale par
« plusieurs faveurs grâces et miracles qu'elle y a faictes en
« faveur de ceux ou qui l'y ont invoquée ou qui s'y sont
« recommandés par veu, le peuple insensiblement lui a
« donné le nom de chapelle de Sainte-Suzanne ou prieuré
« de Sainte-Suzanne. »

Nous n'avons pas grand'chose à ajouter à ces paroles écrites en 1684. Nous avons dû cependant nous livrer à quelques investigations pour arriver à savoir par quelle voie les reliques de sainte Suzanne étaient parvenues au prieuré, et aussi pour rechercher ce qu'est devenue la châsse dorée dont parle Avenelle et qui ne se trouve plus dans la chapelle.

Mme la Révérende Abbesse de Saint-Bernard de Sienne nous a écrit : « Le corps de la sainte fut enseveli dans le
« cimetière de Saint-Calixte. En 1595 le cardinal Rustinicci,
« vicaire de Sa Sainteté, fit transporter le corps de la sainte
« dans notre monastère. Mais, quoiqu'il y ait certitude
« absolue à ce sujet, les religieuses n'ont jamais pu retrou-
« ver le lieu où repose le corps de la sainte. Son Excellence
« le cardinal vicaire pense que avant 1595 aucune relique
« de Sainte-Suzanne n'a pu être prise.

« Du reste il nous conseille de nous adresser au Révé-
« rend Custode de la Lipsanoteca du vicariat de Rome dom

« Anselme à Sainte-Marie Libératrice au Forum romain. »

Nous avons suivi ce conseil sans obtenir aucun résultat positif.

Il n'est pas inutile de remarquer que le bon Avenelle nous dit : « Il est constant que la dévotion à sainte Suzanne

Sainte-Suzanne (Mayenne).

« est fort ancienne et cette sainte y a été honorée à cause « de ses reliques » ; il écrit en 1684 : Si les reliques étaient « arrivées au prieuré après 1595, moins de cent ans avant « lui, l'expression, *fort ancienne*, n'aurait guère de sens. »

Les renseignements que nous avons reçus de Rome paraissent inexacts si on se rapporte aux quelques faits que nous allons relater.

M. l'abbé Landais, le digne et bon curé de Sainte-Suzanne (Mayenne), nous communique l'extrait de l'histoire du

Mont-Saint-Michel établissant que la tête de la sainte était dans le trésor du Mont bien avant 1595.

« Le trésor de l'abbaye, ce palais des anges dont toutes « les parties rivalisent de splendeur, contenait une quan- « tité considérable de reliques qui ont été dispersées lors « des pillages de l'époque révolutionnaire. C'était un reli- « quaire renfermant des charbons provenant du martyr de « saint Laurent et un autre, où se trouvait la tête de sainte « Suzanne vierge martyre et quantité d'autres objets de « sainteté donnés au monastère par les souverains pontifes « ou apportés par les pèlerins de toutes les parties du « monde chrétien. »

Dans l'église de sainte Suzanne (Mayenne) se trouve depuis bien des siècles des reliques de sainte Suzanne. Elles sont actuellement renfermées dans une boîte ovale en argent ornée de figurines gravées au burin avec assez de délicatesse ; ce reliquaire sort des ateliers de Brissau, graveur à Laval ou peut-être à Alençon.

Les Espagnols prétendent avoir le corps de sainte Suzanne qui aurait été transporté de Rome en Portugal à Braga où on lui avait bâti une église ; puis on le dirigea sur Compostelle où il fut reçu l'an 1102 par l'évêque D. Diégo qui fit solennellement la cérémonie le 16 décembre ; on le plaça dans l'église du Saint-Sépulcre, appartenant aux Templiers appelés depuis du nom de Sainte-Suzanne.

Ainsi le prieuré du Désert, sainte Suzanne (Mayenne), le Mont-Saint-Michel et Compostelle possèdent des reliques reçues antérieurement à l'année 1595. S'il en est ainsi on s'explique aisément que les religieuses Bernardines n'aient jamais pu retrouver le corps de la sainte dans leur monastère.

Il est à noter que les Bollandistes qui n'ont certes pas l'habitude de parler à la légère, nient formellement que l'Espagne possède le corps de sainte Suzanne.

« *De reliquis nunc superest ut pauca dicamus de sacris*
« *Sanctæ Suzannæ reliquiis non sunt autem in Hispaniam :*
« *Et si minora quædam una in alias regiones transferri po-*
« *tuerint.* »

Nous n'avons pas qualité pour conclure. Le lecteur appréciera.

Il est possible que les nobles vicomtesses de Sainte-Suzanne, qui, selon nous, ont établi dans le prieuré du Désert la dévotion à leur patronne, aient pu prendre dans leur pays d'origine une partie des reliques qui s'y trouvaient et les transférer dans leur pays adoptif.

Il nous reste maintenant à rechercher ce qu'est devenue la châsse dorée qui se trouvait dans la chapelle et qui renfermait une notable partie du corps de la sainte, et peut-être aussi l'authentique. Il est triste de penser que cette disparition, en quelque sorte contemporaine est enveloppée d'autant d'incertitudes que le transfert des reliques qui doit avoir eu lieu au début du XIIIe siècle.

Nous avions pensé tout d'abord que, le grand séminaire d'Evreux étant devenu propriétaire du prieuré à la fin du XVIIe siècle, un de ses supérieurs avait fait transporter dans sa maison la châsse du prieuré. Dans notre esprit cette relique avait pu échapper peut-être à la sauvagerie de 93 et se trouver actuellement dans le nouveau grand séminaire de notre chef-lieu.

Notre vénérable compatriote M. Maugé, supérieur actuel, n'a pas eu de peine à nous montrer que nous suivions une voie erronée. L'ancien séminaire n'avait pas de reliques de la vierge martyre, le nouveau séminaire n'en a pas davantage.

Il semble d'ailleurs, d'après les monographies succinctes du prieuré, écrites par MM. les curés de Saint-Christophe des Baux, que cette châsse était encore dans l'église de

Sainte-Suzanne vers 1830. Mieux encore la petite histoire des Baux, écrite en 1872 par M. l'instituteur Goberville, dit que sainte Suzanne a été honorée au prieuré du Désert à cause d'une partie de ses reliques « *qu'on y conserve dans une châsse dorée et dans un bras doré* ». La châsse était donc dans l'église en 1872. Malheureusement des renseignements nombreux et pris aux bonnes sources nous permettent de nous inscrire en faux contre ces assertions successives.

Les reliques de notre vénérée sainte ont probablement disparu lors de la mort du chapelain Louvet de la Rivière ; il ne nous a pas été encore possible de les retrouver. La châsse seule a disparu, le bras dont parle Avenelle est toujours dans la chapelle [1].

Mais il est temps de revenir sur nos pas et d'examiner l'état des esprits et la naissance du christianisme dans notre propre pays.

[1] De nouveaux renseignements nous permettent de mettre hors de cause la famille du chapelain Louvet.

CHAPITRE III

LA LÉGENDE DU GRAND CHESNE

I. La vie de Fulbert. — II. La prière. — III. L'ordre duciel. — IV. Fulbert au désert. Le futur évêque de Rennes et l'ancien évêque d'Évreux. — V. Vers l'an 1000.

I. — La vie de Fulbert

Autrefois vivait aux Arciz près du Tronchet, sur le territoire du Chesne, un ermite d'une grande réputation de sainteté nommé Fulbert. C'était un brave homme et un pauvre homme. Il est vrai que dans ces temps reculés on vivait de peu de chose et c'était bien heureux pour lui, car en dehors de son manteau et de ses sandales, il ne possédait à peu près rien.

Mais si tout manquait à Fulbert, il était riche de vertus et il pouvait raisonnablement espérer qu'en sortant de la vallée des misères *il entrerait non en jugement mais en repos*[1]. Rempli de mansuétude et de charité, il était dévoué à tous les chrétiens de sa communauté et en outre il se montrait très accueillant pour les rôdeurs étrangers, coupeurs de bourse et détrousseurs de grand chemin, auxquels il accordait bien volontiers le tribut de ses oraisons, les pré-

[1] Grégoire de Tours.

parant de son mieux à recevoir les *Eulogies*[1] qu'il leur administrait avec une certaine libéralité.

Si quelque grand personnage romain ou barbare tuait un esclave au cours d'une correction un peu vive, ou s'emparait du bien d'autrui dans un moment d'inadvertance, le bon Fulbert courait aux Arciz et là, prosterné aux pieds du Christ, il plaidait longuement la cause de son paroissien. Il prenait la faute pour lui-même, car, si elle avait pu être commise, c'était à coup sûr parce qu'il n'avait pas assez catéchisé ces grands enfants. Et il se frappait la poitrine tout en promettant au divin maître de redoubler de zèle pour amener en foule les bons et nobles sentiments dans le cœur de ses fidèles, de conversion trop récente, dont les mœurs, en vérité, n'avaient pas encore pu se modifier beaucoup. Nous ne saurions dire si le bon Dieu s'arrangeait de tout cela, toujours est-il que Fulbert en était convaincu.

Nous devons ajouter que dans toutes ses prières, il se croyait obligé d'exposer à la Vierge Marie que ses chrétiens étaient en somme des modèles de vertu et de sagesse dignes d'être cités comme exemple à ceux bien autrement coupables de *Condate*, de *Bermercoort* et surtout de *Britolium* et autres lieux circonvoisins.

Quand un *Potentior*, sur le point de mourir, se sentant contrarié par le souvenir de quelques actions peu louables, lui envoyait un don en nature ou en argent, il s'empressait de le répartir entre les plus pauvres des siens, réservant, cela va sans dire, la part des malandrins qui passaient par le pays et auraient craint de le désobliger s'ils ne lui avaient pas demandé du pain, des vêtements et de l'argent. Fulbert

[1] *Les Sacrements*, même auteur. Voy. *Grégoire de Tours et Frédegaire*, par Alfred Jacob. 2 vol. Perrin et Cie, Librairie académique, 35, quai des Augustins, Paris, 1874.

donnait tout ce qu'il avait sans compter et par surcroît de fort bons conseils.

Un esclave fugitif, à dix lieues à la ronde, savait qu'il était sauvé s'il pouvait atteindre l'ermitage de Fulbert, et les nobles de Frileuse et de Brulat n'entreprenaient guère de sortie en armes sans lui envoyer un souvenir ; puis, quand ils avaient fait quelque mauvais coup, ce qui leur arrivait fréquemment, c'est encore à lui qu'ils s'adressaient pour recevoir l'absolution.

Un jour, Fulbert, assis sur un escabeau près de la chapelle, aperçut trois hommes couverts de haillons qui, après un moment d'hésitation, s'éloignèrent sans entrer chez lui. Ce fait extraordinaire lui procura comme une grande désolation car le vent soufflait de Balibraï et le froid était bien vif. Aussi dès le lendemain on pouvait lire en très gros caractères sur la porte de l'ermitage :

Nulli clauditur honesto[1].

Il est à présumer que le nombre des honnêtes gens était très considérable dans ce temps-là, car à partir de ce jour l'ermitage ne désemplit jamais.

On rencontrait là les Gaulois du pays, ferrons de Condé ou bûcherons du Chesne, des rôdeurs qui s'étaient séparés de l'armée d'Attila après la bataille des plaines catalauniques, des guerriers franks qui avaient accompagné Clovis à Mediolanum, des colons, rivés au sol à perpétuelle demeure, des esclaves, des affranchis, des citoyens romains et aussi cette troupe de gens à profession louche qui, à tous

[1] S'il est encore de ce monde, le vénérable ecclésiastique qui administrait en 1855 la paroisse de M... dans le diocèse d'Albi ne sera pas peu surpris d'apprendre qu'il avait eu dans le bon Fulbert un zélé précurseur. Nous nous souvenons avoir vu la même inscription sur l'ermitage qu'il avait construit dans son jardin : ermitage d'un genre spécial où le bon prêtre apprenait à quelques enfants le catéchisme, le latin et même le système métrique !

les âges du monde, ont vécu sur les campagnes, sans cesse aux aguets d'une aumône ou d'un coup de main.

Quand cette société, un peu mêlée, s'était entassée dans la chapelle des Arciz, Fulbert paraissait et après une courte méditation il commençait son sermon. Il parlait du Christ mort sur la croix pour racheter les péchés du monde; il expliquait la grande joie du royaume des cieux pour un grand pécheur qui fait pénitence, et peu à peu, sans effort, avec une simplicité infinie, il pénétrait dans ces âmes naïves habituées à ne rien voir dans l'avenir, il élargissait leur horizon et leur montrait tout là-bas, encore bien loin, les portes du ciel entr'ouvertes.

Et la foule des fidèles augmentait toujours de telle sorte que la chapelle des Arciz paraissait toujours plus petite et le bon Fulbert se lamentait, songeant aux moyens à employer pour arriver à construire une vaste église.

Il prit bientôt le parti de visiter tous les habitants du pays, riches et pauvres, et ces visites furent fructueuses; comme il était aimé plus qu'il ne pensait, il arriva à grouper en peu de temps pas mal d'argent et beaucoup de bonnes volontés. Peu à peu tous les matériaux destinés à la future construction furent réunis aux Arciz et le jour impatiemment attendu arriva où on devait se mettre à l'œuvre.

Dès l'aube, les meilleurs maçons des communautés voisines arrivèrent en chantant des psaumes ; Fulbert ouvrit sa porte et, à la stupéfaction générale, force fut de constater que tous les matériaux avaient disparu.

Un pâtre qui gardait les porcs dans la forêt vint annoncer à Fulbert qu'il avait vu auprès du *grand chesne* des pioches, des pelles, des tonneaux, des pierres, du sable, des poutres et quantité d'autres objets.

Il fallut aller chercher tout cela et le porter aux Arciz, la journée y suffit à peine. Mais, hélas ! pendant la nuit suivante et quoique notre ermite, armé jusqu'aux dents, n'eût pas quitté le chantier, tous les matériaux repartirent pour la même destination.

Il faut que vous sachiez que vingt ans auparavant, Fulbert, sans prendre l'avis de personne, avait placé une statuette de Notre Dame Marie dans une anfractuosité du tronc d'un chêne gigantesque qui se trouvait sur son territoire. C'était un arbre au dôme majestueux sous lequel, aux jours de grand conseil, tous les guerrriers du pays pouvaient s'abriter. Il avait été déclaré sacré par les Druides qui adoraient en cet endroit la déesse Néhalénia aux souliers d'or. On venait de fort loin depuis des siècles pour adorer la déesse, et Fulbert avait pensé que ses nouveaux convertis, habitués jadis à ce pèlerinage païen, continueraient de suivre les mêmes sentiers qui conduisaient désormais à l'arbre consacré à la bonne Vierge Marie de Nazareth.

C'était en ce lieu que notre ermite allait demander les conseils et les grâces dans les circonstances difficiles, surtout, quand il lui paraissait opportun d'intéresser à ses affaires la mère de celui qui peut tout.

Or la translation deux fois répétée des matériaux des Arciz au *grand chesne* jetait son esprit dans un tel abîme de réflexions qu'il renonçait toujours à conclure. Et cependant l'été propice aux constructions touchait à sa fin.

La journée était chaude, quelques nuages frangés d'or s'étageaient dans la direction de Boort. Fulbert prit le parti de ne plus réfléchir du tout, mais de prier. Il se jeta à genoux aux pieds du grand chêne et commença ainsi :

II. — La prière

« Père qui es dans les cieux, Christ qui as souffert pour « moi, Esprit vivificateur, écoute ce que la Vierge Marie va

« te demander tout à l'heure pour ton serviteur Fulbert, « affranchi romain, ermite de la plaine, prêtre élu par ses « frères.

« Dès ma conversion j'ai vécu religieusement, me livrant « à des veilles continuelles, passant souvent les nuits à

La prière de Fulbert.

« chanter tes louanges. J'ai été lecteur pendant dix ans, « j'ai servi cinq ans comme diacre et je suis chargé depuis « vingt ans de l'écrasant fardeau de la prêtrise. J'ai cherché « à amasser des trésors *que ni la rouille ni les vers ne sau-* « *raient détruire*[1]. Je suis entouré de fidèles, grands en- « fants vivant concentrés dans les passions, les intérêts, les

[1] Les phrases soulignées sont prises dans Grégoire de Tours ou dans les canons des conciles.

« périls, les joies et les douleurs de l'heure présente, que « je cherche à élever jusqu'à toi. Hélas ! mon Dieu, malgré « tout cela, je suis un grand coupable, puisque malgré tant « d'efforts je ne suis pas arrivé à extirper tout le mal qui « se trouve encore en eux. Mais j'ose te le dire, une des « causes de cet état de péché qui pèse sur le troupeau et « retombe sur le berger, provient de ce que tous ne peu- « vent pas entendre la parole de Dieu... parce que la cha- « pelle des Arciz est trop petite !

« Donne-moi donc, Seigneur, les moyens d'agrandir mon « église et daigne empêcher les matériaux de s'en aller au « Chesne toutes les fois que je les rassemble, afin que, dans « un temple digne de toi, tes fidèles serviteurs puissent être « réunis en ce monde comme j'espère qu'ils le seront un « jour dans le ciel !

« Seigneur ! Seigneur ! prends en pitié ceux de nos « frères qui sont en esclavage ; ouvre les yeux aux païens, « inspire la vertu aux femmes ; calme la férocité des chefs « de guerre et éloigne de l'ivrognerie mes chrétiens du « Chesne, leurs enfants et les enfants de leurs enfants, car « *ce vice est la mamelle et l'aliment de tous les vices*[1].

« Si les péchés de quelques-uns t'indisposent contre toute la communauté, donne-moi le moyen par excellence de les ramener dans la bonne voie en me facilitant la

[1] Concile d'Agde XLI canon. Le bon Fulbert, on le voit, était assez au courant des règlements des conciles qui se tenaient dans les Gaules, non seulement dans la Neustrie mais aussi dans les sept provinces. Il nous paraît que, dans sa naïve prière, il fait souvent allusion aux canons de ces divers conciles, canons si intéressants et qui constituent de remarquables monuments historiques.

Il avait eu certainement connaissance des conciles d'Arles en 353, de Béziers en 356, de Valence en 374, de Vaison en 442, d'Orange en 450, d'Arles en 452 et 455, de Béziers en 472, ce dernier tenu sous la présidence de Sidoine Apollinaire.

Combien suggestif est ce canon du concile d'Orange (in *Conc. Gall.*, t. III). « Si quelqu'un tente de remettre en servitude ou de réduire à la condition de colon les esclaves affranchis dans l'Église, ou qui sont recommandés à l'Église par testament, qu'il encoure la malédiction épiscopale. »

reconstruction de ma nouvelle église. C'est certainement ce que je ferais bien vite si j'étais pendant quelques instants le maître du monde et si tu étais un pauvre ermite de la plaine. Donne aussi, Seigneur, *succès et longue vie au très magnifique et très pieux souverain Clovis*, *augmente son royaume*, *daigne le ceindre de ta force* et lui inspirer un peu de douceur en même temps que le désir de construire des temples spacieux là où les anciens sont devenus insuffisants. Qu'il puisse arriver à confondre les Ariens, qui occupent encore l'ancien pays des Tetosages, et fais que ses guerriers et ceux de ses successeurs soient toujours sur toute la terre les exécuteurs des volontés du Ciel.

« Bonne vierge Marie, en transmettant à votre divin fils mes humbles prières, considérez, je vous en conjure, les mérites de mes chrétiens si remarquables entre tous, et faites en sorte qu'il passe très vite sur les quelques faiblesses qui existent encore en eux, et dont il n'est pas nécessaire de parler puisqu'elles vont disparaître dès que vous m'aurez mis en mesure de les mieux instruire.

« Je te promets, Dieu tout-puissant, de suivre les instructions des Conciles telles que nous les ont transmises Tetradius et le diacre Leo [1]. Je défendrai le faible contre le fort, le pauvre contre le mauvais riche. Je veillerai à l'observation du repos du Dimanche et je signalerai à notre épiscope Gaud ceux qui tenteraient de remettre en esclavage ou de réduire à la condition de colon les esclaves affranchis dans les églises ou recommandés par testament.

« Je ferai exactement les prières [2] pour la conservation

[1] Il nous paraît probable que Fulbert veut parler de Tétradius, évêque de la métropole de Bourges qui assista au concile d'Agde. Quant au diacre Leo, on sait qu'il avait été délégué à ce même concile par l'évêque de Tours, Verus.

[2] Toutes les fois que le christianisme naissant le pouvait, il n'abolissait pas dans leur entier les cérémonies païennes, mais il les recouvrait d'un symbole chrétien. La fête des mauvais génies qui se célébrait au printemps devint dès

des récoltes en allant processionnellement et de grand matin bénir les campagnes. *Je n'accepterai aucune invitation des Juifs et je n'en admettrai aucun à ma table.*

« J'éviterai les repas de noce et je m'opposerai à ce que quelqu'un des nôtres s'adonne au sort des augures ou sacrifie des victimes en l'honneur de nos saints suivant le rite païen.

« Bonne vierge Marie, qui ne pouvez être invoquée en vain, transmettez, je vous en conjure, toutes mes promesses à votre divin fils et n'oubliez pas mon église.

« Enfin, Dieu tout-puissant, dis-moi ce que signifie cette translation miraculeuse ou diabolique des matériaux de ma future église. Que dois-je croire? Que dois-je espérer? Que dois-je craindre? Que dois-je faire? »

III. — L'ordre du Ciel

Comme il terminait sa prière, Fulbert, levant les yeux, aperçut au-dessus de la statue de la Vierge une étoile immense portant le monogramme du Christ et au-dessous cette inscription : « Lève-toi, mon fils et hâte-toi d'aller trouver Mélaine, serviteur de Dieu au désert. »

Aussitôt Fulbert de ce pas fier et hardi qu'il n'avait plus connu depuis sa jeunesse, partit sans regarder en arrière.

Tout en marchant, il orientait sa future église, déplaçait les fonds baptismaux, élevait la voûte, ajoutait deux fenêtres, surélevait le sol à cause de l'humidité; et chemin faisant

le ve siècle la gracieuse et poétique cérémonie des rogations. Antérieurement « par les matinées les plus riantes, au penchant fleuri des duns, à travers les bouleaux des chemins apparaissent les prêtres d'Hizzus portant sur leurs épaules des statues couvertes de feuillage. Le vieux barde chantait des hymnes en leur honneur. Le peuple accourait et le cortège au milieu des vœux et des chants traversait les vertes campagnes. »

il oubliait, tant était grande sa joie, de remercier celui qui venait de la lui donner. Il s'arrêta cependant honteux de cette faute, coupa un bâton et pria[1].

Puis il reprit son chemin sans s'apercevoir que d'énormes nuages s'élevaient au couchant. L'orage avançait et bientôt

Le Miracle.

la plainte lointaine de la forêt agitée par le vent fut couverte par les roulements du tonnerre se rapprochant de plus en plus, se poursuivant les uns les autres comme les vagues de la mer de Bretagne.

[1] L'endroit où Fulbert s'arrêta pour remercier Dieu a été longtemps marqué par une croix placée entre deux tilleuls. Cinq siècles plus tard on construisit non loin de là une chapelle pour les bûcherons. Antoine de Brudieu en était le chapelain en 1465. Dédié à saint Goulgon, ce lieu est connu sous le nom de Notre-Dame du Tilleul.

Soudain, un éclair fendit la nue et la foudre éclata près de Fulbert. Par instant quelque fauve dérangé dans son repaire s'élançait devant lui indiquant sa direction par le crépitement des buissons et des herbes sèches. Maintenant d'innombrables éclairs traçaient sur le ciel noir leurs zébrures fantastiques unissant parfois les nuées à la terre. Fulbert impassible marchait, marchait toujours.

Entre temps, un géant de la forêt tombait sur le sol avec un déchirement sinistre soulevant avec ses racines une énorme masse de terre, d'autres fois l'aquilon furieux détachait un faîte, qui allait s'abattre au loin.

De rares gouttes de pluie larges et chaudes frappaient le visage du bon ermite qui venait d'apercevoir dans la direction de l'ermitage du Désert une lumière vacillante.

Soudain, entre deux formidables coups de tonnerre, il entendit le tintement de la petite cloche de l'ermitage dont la voix doucement argentine répétait dans la nuit horrible...
« Vous tous qui passez au loin, amis ou ennemis, riches ou pauvres, je suis le refuge assuré, je suis la paix après la tourmente. Je suis le bonheur après les joies trompeuses du monde.

« Si vous avez servi Dieu de tout votre cœur et de toute votre âme, entrez et reposez-vous dans son sanctuaire. Si vous l'avez offensé, si vos mains sont encore rouges du sang d'un martyr, entrez et prenez la meilleure place.

« Si le monde vous repousse, soit à cause de vos crimes, soit à cause de vos vertus, venez vous réfugier dans le cœur de celui qui ne repoussa jamais personne.

« Si vous avez fait couler cruellement bien des larmes venez à votre tour pleurer avec moi.

« Si vous êtes ignorant vous trouverez ici toute science, si vous êtes savant, approchez-vous de la vérité éternelle qui ne donna jamais de déception ! »

... Et le petit tintement reprenait entre les éclats de la foudre et le bon Fulbert inondé de pluie venait de franchir le Lesme. Bientôt adossé à un rocher il dut, à bout de forces, laisser passer pendant quelques instants la poussée terrible des éléments déchaînés.

IV. — Fulbert au désert. Le futur évêque de Rennes. L'ancien évêque d'Evreux

Or, à ce moment même, deux hommes causaient dans l'ermitage du désert, et depuis quelques instants leur entretien roulait sur une des plus importantes questions qui préoccupaient à cette époque les esprits cultivés. Fatigués par l'écrasant labeur d'une chaude journée d'été, les ermites en dépit de l'orage dormaient dans leurs cellules.

« Père, disait le plus jeune, pourquoi fuir avec tant d'obstination le fardeau de l'épiscopat, as-tu médité ces paroles de David : « Il n'a pas voulu de la bénédiction et elle « s'éloignera de lui ? »

— Ne crains rien mon fils, Dieu m'a montré la grotte qui m'attend sur le bord de la mer. Je suis destiné à renverser les idoles des environs, à incendier les bois sacrés des païens et à réduire en cendres les monuments des faux dieux.

— Père, ton zèle ne t'aveuglerait-il pas? n'est-ce pas purifier un temple que de le consacrer au vrai Dieu? ne pourrais-tu pas te contenter de le placer sous le vocable de nos grands martyrs? Je connais un beau temple de Jupiter dans le pays de Platz où je suis né, et je compte bien le purifier en le transformant en monastère[1].

[1] « Il ne faut pas, dit saint Grégoire à l'abbé Mellitus, détruire les temples des faux dieux, mais seulement les idoles qui s'y trouvent. Qu'on les asperge d'eau bénite, qu'on y place des reliques : si ces temples sont bien construits il est

— Est-ce qu'on purifie l'enfer? dit le grand vieillard en redressant sa tête blanche.

— Écoute, Père vénéré, il y a peu d'années je visitai le Mans, et là je me lié avec Odegaire qui était, comme tu le sais peut-être, archidiacre de l'épiscope Innocent. Il me raconta son voyage au Mont-Cassin et sa visite à Benoît auquel il allait demander quelques disciples chargés de propager la règle dans les Gaules. Il ramena Constantin Fauste, Antoine mort récemment et, par-dessus tous les autres, Maur, le fils du sénateur Equitius, l'âme du maître, le coopérateur, l'ami de Benoît. J'appris pendant ce voyage au Latium que le Mont-Cassin lors de l'arrivée du maître était un véritable panthéon, aussi le grand fondateur entreprit-il la destruction de tout ce qui pouvait alimenter le culte des faux dieux, mais, certes, sa besogne ne fut pas celle d'un vandale. Au lieu de brûler le bois sacré il le défricha et de la sorte le *lucus* païen cessa d'exister et il eut de fort belles poutres pour construire son monastère. Au sommet du mont, il trouva une magnifique colonne en marbre blanc de Paros, il brisa l'idole qui la surmontait et mit à la place une croix. Le temple d'Apollon devint un oratoire dédié précisément à notre grand saint Martin. Crois-tu, vénéré Père, que Benoît, excellent par la science comme par la vertu, n'était pas bien placé pour connaître la pensée du successeur de Pierre et pour y conformer sa conduite?

— Je puis me tromper, fils bien-aimé, mais il m'a toujours paru indigne de notre Dieu d'utiliser pour son culte les monuments souillés par le paganisme et aussi de tirer parti des habitudes païennes, de placer par exemple, comme certains l'ont fait, une statue de la vierge Marie sur

nécessaire de les faire passer du culte des démons au service du vrai Dieu, afin que le peuple renonçant à ses erreurs pour adorer le Christ revienne plus facilement aux lieux qu'il avait coutume de fréquenter. » Épitre 76.

le tronc d'un vieux chêne consacré primitivement à une déesse impure. Mais pourrais-tu me dire, mon fils, pour quelle raison Benoît brisa l'idole et conserva la colonne qui l'exposait à l'adoration des païens ?

— Oserais-je te confier, que si Benoît brisa l'idole c'est parce qu'elle n'était pas un chef-d'œuvre.

— Juste Ciel? Qu'aurait-il donc fait si elle eût été un chef-d'œuvre ?

— Il l'eût dissimulée dans le sol pour la conserver aux siècles futurs, car un chef-d'œuvre dégagé des idées fausses qui ont pu concourir à sa production est un triomphe remporté par l'homme sur la matière, triomphe trop rare dont tout l'honneur doit revenir à Dieu. Si le péché a obscurci la raison humaine, il ne l'a point éteinte et ses plus hautes productions doivent nous être sacrées. Oserais-tu briser une statue de Phidias ? et si tu avais dans la main le manuscrit unique de l'*Énéide*, n'hésiterais-tu pas avant de le livrer aux flammes [1] ?

[1] Gaud naquit à Evreux et fut élevé dans la doctrine chrétienne. Après la mort du romain Taurin, apôtre des Eburoviques, l'église de ce diocèse demeura longtemps privée de pasteur. Gaud venait souvent prier auprès du tombeau de Taurin : il y conçut l'ardent désir de restaurer le culte. Aussi, dès que l'agitation causée par les guerres commença à s'apaiser et que le comte Egidius eut ramené quelque tranquillité dans les Gaules, Gaud rassembla les fidèles dispersés puis il se rendit auprès de Germain, évêque métropolitain de Rouen, lequel avait souscrit trois ans auparavant au premier concile de Tours, et il le pria instamment de vouloir bien pourvoir d'un pasteur une église qui en était privée depuis si longtemps.

Le métropolitain convoqua une réunion d'évêques à Évreux où, après mûre délibération, il nomma, avec le commun suffrage du peuple et du clergé, Gaud lui-même comme successeur de saint Taurin.

Le nouvel évêque fut sacré avec le concours de l'évêque de Coutances et de l'évêque de Séez, puis il entreprit la destruction des restes de l'idôlatrie et se montra toujours puissant par la parole et par les œuvres.

Lorsque les Franks ramenèrent la guerre dans le pays, craignant de ne pouvoir supporter le fardeau de l'épiscopat, il fit élire à sa place Marusion et se retira à quatre milles de la ville où se trouve aujourd'hui la chapelle de Sainte-Marie de Gaud. Mais comme les fidèles d'Évreux venaient sans cesse le voir, il partit pour le pays de Coutances et choisit une solitude près de Granville. Son tombeau a été retrouvé en 1131 avec cette inscription : « Ici repose le bienheureux Gaud, évêque d'Evreux », laquelle avait été gravée par Richard, évêque de Coutances.

— A genoux, fils bien-aimé, prions Notre-Seigneur Jésus de nous éclairer sur ces matières.

L'orage faisait rage au dehors. Les deux saints priaient.

Trois coups de marteau ébranlèrent soudain la porte de l'ermitage et une voix disait : « *Pax Domini sit semper vobiscum !* »

— « *Benedictus qui venit in nomine Domini,* » reprit Mélaine en ouvrant la porte.

Fulbert exténué, inondé de pluie, reconnut son évêque qui daigna lui prodiguer ses soins avec toute la sollicitude d'un père. Bientôt revêtu de vêtements bien secs, assis entre Gaud et Mélaine devant un grand feu de sarments de vigne, il put faire connaître le but de son voyage et raconter toutes ses tribulations.

Il parla de l'exiguïté de sa chapelle, du grand chesne consacré à la déesse Néhalénia sur le tronc duquel il avait placé une statue de la vierge Marie, de la translation des matériaux des Arciz au grand Chesne de la prière qu'il avait adressée au Ciel et enfin du miracle de l'étoile lui apportant l'ordre de venir sans retard trouver Mélaine, serviteur de Dieu au Désert.

A ces mots il vit avec stupéfaction Mélaine et Gaud se lever les larmes aux yeux et se donner le baiser de paix. Le futur évêque de Rennes et l'ancien évêque d'Evreux restèrent un instant dans les bras l'un de l'autre.

Puis Gaud, surmontant une poignante émotion, prit à la main son bâton, le tau épiscopal, et prononça d'une voix forte ces paroles que Mélaine et le bon Fulbert écoutèrent à genoux : « Mélaine, mon fils, tu possédais la vérité ! toi, Fulbert dont je connais l'âme, si un sentiment d'orgueil était capable de pénétrer en toi, ce serait certes en ce jour car tu as été vraiment et à ton insu le messager de Dieu. Suis les conseils de Mélaine qui va bientôt quitter le désert, fonder un monastère et prendre la haute direction d'une grande et à jamais glorieuse communauté. Les ermites du désert conserveront toujours son image et, dans les siècles des siècles, son nom sera béni ici. Va, Fulbert, repose ton corps brisé et demain quand tu rencontreras les chrétiens accourant à ta rencontre, tu leur diras que la bonne Vierge Marie du grand Chesne où tu fis bien de placer sa statue, désire que ton église soit construite près d'elle et lui soit dédiée... Fils bien-aimés, je vous donne la dernière bénédiction que je donnerai dans mon diocèse. Avec l'aide de Dieu nous nous retrouverons au Ciel. »

Aux clartés de l'âtre, pour la dernière fois, scintilla l'anneau épiscopal. Puis quand Mélaine et Fulbert se relevèrent Gaud avait disparu.

Or, à quelque temps de là, les ermites du désert rentraient vers le milieu du jour qui était la vigile de Saint-Jean. Les uns portaient sur leurs épaules courbées vers la terre les lourdes pioches qui venaient d'élargir l'enclos aux dépens de la forêt, les autres tenaient encore à la main les manuscrits longuement médités auxquels ils venaient d'ajouter de nouvelles pages ; tous, fraternellement mêlés, venaient prendre le repas de midi.

Ces travailleurs du sol, ces remueurs de pensées, modestes laboureurs aux noms à jamais inconnus promenaient en tout sens la charrue catholique sur ce sol encore imprégné de polythéisme, enlevant les racines à la terre, élaguant les branches toujours vivaces des hérésies.

Ces robustes gallo-romains, fils d'esclaves, fils de colons, fils de curiales, fils de sénateurs, travaillaient ensemble avec une égale ardeur, confondus dans la sainte démocratie chrétienne à la rénovation de la Gaule dont ils préparaient la richesse par leur travail et la grandeur morale par leurs savants écrits.

Comme ils allaient pénétrer dans le réfectoire, des chants d'allégresse accompagnés de mélodies harmonieuses se firent entendre au-dessus de leur tète. Tombant à genoux, ils levèrent les yeux au ciel. Aux quatre points cardinaux ils aperçurent les archanges dont l'image s'éloignait peu à peu, puis le céleste concert s'affaiblit insensiblement et cessa de se faire entendre.

Et deux mois plus tard un néophyte qui venait du pays des Bretons apprit aux moines du désert que la veille de la Saint-Jean, vers midi, un vieux moine nommé Gaud, qui habitait une grotte près de l'océan, avait rendu à Dieu sa belle âme. Les ermites, faveur insigne, avaient été admis à entendre les chants joyeux, les trompettes sonores et les harpes aux douceurs incomparables qui avaient célébré l'entrée du grand saint Gaud dans le royaume des élus.

Cependant, notre ami Fulbert, ivre de joie, chaudement installé dans une des meilleures cellules de l'ermitage, put goûter un repos bien mérité et pendant que, l'âme radieuse, il bâtissait son église, il entendait l'eau des gouttières tomber lentement sur le sol tandis que les roulements lointains du tonnerre, éloignés et affaiblis, se perdaient dans la direction de Lutèce. Alors, après une prière ardente et un peu courte, quelque chose comme un élan vers Dieu, le sourire aux lèvres, sans s'en apercevoir, tout doucement, il s'endormit.

Le lendemain, le soleil était déjà bien haut sur l'horizon, les ermites défricheurs étaient partis du côté des Landes et Gaud était loin sur la route de *Condate* à *Nudionum*; quand Fulbert s'éveilla, tout honteux de sa paresse, il aperçut bientôt Mélaine dont un fin sourire relevait encore l'angélique beauté. Le saint avait recommandé aux ermites le plus profond silence et lui-même, après ses prières, assis près du lit de Fulbert, attendait son réveil pour jouir de sa surprise.

Une heure après, notre ermite courait vers les Arciz. Quand il arriva aux Boulais, il aperçut sur la pente de Brulart un grand concours de peuple qui venait à sa rencontre. Il se hâta et apprit à ses chrétiens les volontés du ciel. Le soir même, à trente pas du grand Chesne on creusa les fondations et, sur l'avis de Fulbert, on les établit de façon à obtenir une église trois fois plus grande que celle des Arciz.

Deux fois auraient suffi, mais puisque Dieu se chargeait de tout, ce n'était pas un tiers en plus qui pouvait beaucoup le gêner.

Le lendemain dès l'aurore le premier coup de pioche d'un maçon de Bruherland mit au jour un vieux vase qui contenait cent pièces d'or à l'effigie de Constantin.

Le Grand Chesne mourut cent ans après, il y avait déjà longtemps que Fulbert était au ciel.

On pense que son corps repose dans le vieux cimetière du Chesne au milieu de tous ces braves gens dont les descendants ont si bien gardé la bonté et les vertus, à la grande satisfaction du pauvre ermite de la plaine qui depuis bientôt quatorze cents ans est chargé de les introduire l'un après l'autre dans le paradis après avoir toujours plaidé et gagné leur cause dans les cas douteux.

L'église du Chêne fut placée sous l'invocation de Notre-Dame Marie et c'était justice. Elle a été réparée bien des fois, nous lisons dans un vieux parchemin que la dernière réparation eut lieu en 1650 et coûta 136 livres[1].

[1] Nous aurions voulu reproduire ici la liste complète des curés qui ont desservi cette belle et bonne paroisse, mais nous n'avons pas réussi dans cette entreprise. Nous pouvons seulement citer les noms suivants : Jean de Rousset, 1487 ; Louis Perey, 1502 ; Jean Henry, Ambroise de Lombelon, 1563 ; Robert Potin, Hermand Honfroy, Jean Boette, 1577 ; Michel Lefèvre, Denys Froment, 1578 ; Le Brun, 1600 ; Robert Tardif, 1638 ; Gilles Giffard, 1657 ; Louis Cabirol, 1658 ; Jean Roquelin, 1668 ; Charles Brevet, Thomas de Fougy, Louis Salenelle, 1685.

La Croix de la Charité du Chesne.

V. — Autour de l'an 1000

Les siècles succèdent aux siècles et sous l'influence bienfaisante de l'Église les barbares se rapprochent insensiblement de la civilisation. L'apôtre Boniface est, dans cette période, le grand artisan de cette transformation.

L'empire, un instant reconstitué, se brise en tombant des mains de Charlemagne. Charles le Chauve qui possède la plus grande partie des Gaules essaye en vain de suivre les errements du grand empereur. Sur ses États peu soumis et très ravagés l'école disparaît et la science se réfugie dans les monastères isolés, tandis que la peste et les guerres incessantes font de cette fin du IXe siècle une des époques les plus misérables.

L'an 1000 approche. Il ne s'agit plus d'économiser ou de construire, mais bien de mourir.

Un petit paysan d'Aurillac est parti depuis quelques années pour l'Espagne et apprend la physique et l'algèbre chez les musulmans. Il devient bientôt un maître ; c'est lui qui invente l'horloge à balancier et comme les fils de l'église, sans déclaration solennelle, ont toujours pu être appelés à remplir toutes les fonctions, il se fait moine et devient pape sous le nom de Sylvestre II, en l'an 999.

Si, voyageant en Orient, vous remarquez avec une certaine émotion patriotique que tous les Européens y sont appelés Francs, vous vous souviendrez que nous le devons à ce petit paysan, à ce grand pontife, à ce savant, à ce français. C'est lui, en effet, qui après avoir chanté le *Te Deum* dans l'aube du premier jour qui suivit l'an 1000, sut grouper la chrétienté tout entière dans un formidable faisceau et s'écria en lui montrant Jérusalem saccagée : « Soldats du Christ, levez-vous, car maintenant, c'est pour le

Christ qu'il va falloir combattre ! » Ce mot renfermait les croisades et Sylvestre II pensait en les suscitant remercier Dieu d'avoir laissé vivre l'univers. On sait que nos ancêtres remplirent hautement le premier rôle dans ces longues guerres que le pape entrevoyait comme un pieux tribut de reconnaissance.

En attendant, on travaille, on s'instruit, on construit, et dans cette espèce de renaissance, la Normandie marche au premier rang. Lanfranc et saint Anselme illustrent le Bec, Richer, médecin et moine, écrit l'histoire du xe siècle, le bon Ordéric Vital nous raconte celle de sa province Normande. L'Église forme de toutes parts non seulement des saints, mais aussi des docteurs, des architectes, des peintres et des sculpteurs.

Le xie siècle voit s'élever 326 monastères.

Autour de nous :

Herluin fonde le Bec en 1034; Saint-Pierre des Préaux est restauré en 1035; Herluin de Conteville fonde Greslain en 1050, de concert avec sa femme Arlette de Falaise[1]; Roger fonde Ivry en 1071; Guillaume, fils d'Osbern, construit Cormeilles en 1060; Roger de Tosny crée Conches en 1035; Richard II fonde Fécamp en 1006; Judith de Bretagne fonde Bernay en l'an 1000.

Enfin, Lyre fondé en 1046 par Guillaume de Breteuil, recevra plus tard le prieuré du Désert fondé en 1125 par Robert Ier, comte de Leycester, seigneur de Breteuil, comme nous allons le raconter dans la deuxième partie de ce travail.

[1] Qui oserait blâmer le noble sire de Conteville d'avoir épousé la gente Arlette, mère de ce bâtard qui s'empara de l'Angleterre en un seul jour ? Blâmeriez-vous la jeune fille qui aurait donné le jour à un général français capable d'en faire autant dès demain ?

DEUXIÈME PARTIE

LE PRIEURÉ

1125-1675

CHAPITRE IV

HUGUES DU DÉSERT

I. Fondation du prieuré de Notre-Dame du Désert. — II. Chartes des successeurs de Robert comte de Leycester, seigneur de Breteuil. — III. Bulle du pape Innocent II. Charte du roi d'Angleterre Henri Ier. — IV. Fondation de l'Abbaye de la Chaise-Dieu ; ses relations avec Notre-Dame du Désert de 1125 à 1271. — V. Les Barons de Laigle et les Vicomtes de Sainte-Suzanne. — VI. Fondation de l'Abbaye de Notre-Dame de Lyre ; ses relations avec Notre-Dame du Désert de 1125 à 1674.

I. — Fondation du prieuré de Notre-Dame du Désert

Le prieuré connu sous le nom de prieuré de Notre-Dame du Désert et plus rarement sous celui de Notre-Dame du Lesme a été édifié en même temps que l'église du même nom par l'ermite Hugues, supérieur élu par ses frères, entre les années 1120 et 1125.

Bien des fois depuis, les divisions intérieures du prieuré ont été modifiées, mais les gros murs en grison n'ont pas été touchés. L'église, réduite de moitié par une cause restée inconnue, a retrouvé de nos jours ses dimensions primitives. En somme, par un heureux et bien rare concours de circonstances favorables, après sept cent soixante-quinze ans écoulés, les constructions élevées par Hugues du Désert se présentent à nous dans leurs grandes lignes telles qu'elles étaient le jour de leur inauguration. L'ermitage primitif dont les matériaux furent sans doute utilisés pour la construction du prieuré avait eu une durée approximative de six cent trente ans.

Hugues du Désert était un homme pieux, intelligent et habile. Il sut se rendre sympathique aux plus puissants seigneurs de nos contrées et les intéresser à son œuvre. Il est permis de penser que, s'il eût vécu sur une plus grande scène, son nom figurerait avec honneur parmi ceux des grands personnages qui précisément, dans ce temps-là, surent acquérir par leur vertu, leur science ou leurs fondations un renom justement immortel.

Certaines personnes n'hésitent pas à considérer les grands bienfaiteurs du Désert comme les véritables fondateurs, tandis que d'autres ne veulent voir en eux que des bailleurs de fonds. La première opinion nous paraît un peu excessive, la seconde est par trop blessante. Pour nous, Hugues a été la tête qui crée et les seigneurs de Breteuil et de Laigle, par leur pieuse générosité, lui ont donné largement les moyens de parfaire son œuvre.

« Le fondateur du prieuré du Désert, dit Avenelle, fut Robert, comte de Licestre ou Licester, qui est un comté (situé au beau milieu d'Angleterre avec une ville de ce mesme nom. Il estoit aussi pour lors seigneur de Bretheuil. Ses descendants n'ont point dégénéré ny de sa piété ny de son courage, car, outre qu'ils ont comme lui faict de grands biens à l'abbaye de Lyre et au prieuré du Désert ils se sont encore signalés au recouvrement de la terre sainte à la suite de Richard, fils de Henri, second roy d'Angleterre, qui s'estoit uny avec le roy de France pour le mesme sujet... J'ai

Le Prieuré de Notre-Dame du Désert.

remarqué à la lecture des chartes tant de Lyre que du Désert que trois comtes de Licestre ont porté le nom de Robert. Le premier est celuy dont nous venons de parler qui assista à la dédicace de la chapelle ou église et qui avoit espousé Amice; le second, fils de celui-cy, vivoit en 1164 et qui avoit espousé Pétronille ; le troisième estoit fils du second et par conséquent petit-fils du premier, c'est ce dernier qui donna saint Nicolas (aux frères du Désert). »

Nous trouvons dans le cartulaire du Désert[1] la charte de fondation du prieuré. La haute importance historique de cette pièce nous engage à la reproduire en entier.

Robertus, comes legrestriæ, dominus Bretollii, omnibus baronibus, militibus, burgensibus ad honorem de Bretolio pertinentibus et omnibus successoribus suis, Salutem.

Notum vobis omnibus ferri volo quia ego dedi et concessi et hac præsenti carta mea confirmavi Deo et *Beatæ Mariæ de Deserto*, et Hugoni servo Dei et fratribus ibidem commorantibus et Deo servientibus in remissionem peccatorum meorum, et salutem animarum patrum et parentum et antecessorum meorum, omnes suas libertates et quietationes[2]

Robert comte de Leycester, seigneur de Breteuil, à tous Barons Chevaliers et Bourgeois appartenant à l'honneur de Breteuil, et à tous leurs successeurs, salut.

Je veux porter à la connaissance de tous que j'ai donné, concédé, confirmé à Dieu et à la Bienheureuse Marie du Désert ainsi qu'à Hugues, serviteur de Dieu et aux frères qui demeurent dans le même lieu et y servent le Seigneur, pour la rémission de mes péchés et le salut des âmes de mes pères de mes parents et de mes ascendants toutes libertés et exemptions dans tout ce qui regarde le

[1] Outre la charte de fondation et les chartes des successeurs du comte de Leycester, le cartulaire comprend 114 documents de moindre importance. On lit au folio 1 : « Ce présent registre a été escrit, mot après aultre, requeste de circonspecte personne Me Jehan Dupré chantre et chanoyne d'Evreux et prieur du Désert, sur un viel cartulaire ou chartrier couvert de noir escript en parchemin, qui est dans les archives et thésaur de l'abbaye de Lyre. » *Archives de l'Eure*, G. 165.

[2] Avenelle nous donne lui-même quelques explications sur cette charte. Nous verrons que certaines d'entre elles ne peuvent pas être acceptées. « Ces termes *Libertates* et *quietationes* semblent comme marquer la seigneurie du Désert et son exemption de relever d'aucun autre seigneur temporel mais bien seulement de reconnoitre le seigneur de Bretheuil comme protecteur et l'évêque d'Évreux comme supérieur dans le spirituel. »

in omnibus rebus secularriis servitii ; ita quod ecclesia illa, et clausum fratrum illorum in quo laborant, nullius ditioni, nullius respondant exactioni ; sed inde tantum obediant episcopo ebroïcensi de episcopalibus, et domino Bretolii tanquam advocato suo, in cujus feodo ecclesia illa fundata est. Concedo igitur et firmiter prœcipio ut supradicta ecclesia de deserto et servus Dei Hugo, et omnes ibidem Deo servientes habeant et possideant libere et quiete omnia beneficia illa quæ eis data sunt et omnia illa quæ eis futuro canonice dabuntur. Concedo quoque eidem ecclesiæ in eleemosynam sempiternam et fratribus ibidem Deo famulantibus plesseiam[1] quæ est circa clausum suum, liberam et quietam ad ipsum roborandum et custodiendum et stagnum quod[2] est in valle du Lesme in foresta Britolii liberum et quietum, et landas quæ sunt inter ipsum stagnum et plesseiam suam, sicut se proportant in longum et latum et unum Bigrum[3] liberum per forestam ad luminare

service séculier de telle sorte que cette église et l'enclos des frères dans lequel ils travaillent ne soient soumis à aucune autorité, ne répondent à aucune exaction, pour qu'enfin ils n'obéissent qu'à l'évêque d'Evreux dans les matières épiscopales et au seigneur de Breteuil comme leur défenseur dans le fief duquel l'église est fondée. J'accorde et ordonne formellement que la susdite église du Désert et Hugues serviteur de Dieu et ceux qui serviront Dieu en ce lieu aient et possèdent librement et paisiblement tous les bénéfices qui leur sont donnés ou qui pourraient leur être donnés canoniquement dans l'avenir. Je concède à la même église en aumône perpétuelle et aux frères qui y servent Dieu le plessis qui est alentour de leur clos libre et quitte pour le fortifier et le protéger l'étang qui se trouve dans la vallée du Lesme dans la forêt de Breteuil libre et quitte, et en plus les landes qui s'étendent entre cet étang et le plessis telles qu'elles se comportent en long et

[1] « Par ces mots *Plesseiam quæ est circa clausum suum*, l'on entend une forte haie faicte de branches plissées et entrelacées ensemble ; ce qui favorise cette explication ce sont les termes suivants : *ad ipsum roborandum et custodiendum*. Pour moi j'ai toujours creu que cette plesse voulait dire ce que possède M. du Saptel dépendant du prieuré à raison de quoi il fait rente. » Le mot *Plesseia* désigne un terrain entouré de haies. La clôture elle-même se nomme *Plesseium*.

[2] « Par le terme *stagnum*, dit Avenelle, l'on donne l'étang du Lesme, et par ces paroles, *landas quæ sunt inter ipsum stagnum et plesseiam suam*, l'on donne les héritages que l'on appelle aujourd'hui Chesne Regnier et lande Morel. »

[3] « Par ces mots *Unum bigrum* l'on signifie un essaim de mouches, ou un verrat dont le revenu sert à l'entretien du luminaire. » Le bon Avenelle se trompe ; un bigre n'est ni un essaim de mouches ni un verrat mais un fonctionnaire forestier chargé de rechercher les abeilles afin d'en recueillir le miel et la cire. *Forestarius cui opum cura incumbit* (Du Cange).

supradictæ ecclesiæ et vivum boscum[1] per liberationem ad usus herbagagiorum illorum et rerum suarum faciendarum et mortuum Boscum[2] ad calefactionem illorum et hominum illorum sine liberatione et pascua[3] pecudibus illorum et hominum eorum per forestam et pannagia[4] porcorum suorum et hominum eorum eis concedo et theloneum[5] in toto feodo Britolii eisdem quieto et si forte nominati fratres extra clausum essartum fecerint monachi de Lyra tantum decimam habeant.

Hæc autem omnia supradicta beneficia et omnes eorum libertates et quietationes ego supradictus Robertus concessi et confirmavi et per missale super altare posui in dedicatione ejusdem ecclesiæ quæ fuit facta quarto calendas Maii : et in dedicatione ejusdem ecclesiæ ego, persuasu et concessione Audinii Ebroicensis episcopi donavi in eleemosynam sempiternam ad victus et sustentationem servorum Dei ibi commorantium meteriam meam quæ est inter Cheronvilier et Boscum Ernaldi ita liberam et quietam sicut et ego prius illam tenebam

en large ; et aussi un Bigre libre dans la forêt pour le luminaire de ladite église; plus le vif bois sur livraison à l'usage de leur hébergement et de leurs réparations à faire, plus encore le bois mort, sans livraison pour le chauffage et celui de leurs hommes ; je concède en outre le pâturage dans la forêt pour leurs troupeaux et les troupeaux de leurs gens et le pasnage pour leurs porcs et pour ceux de leurs hommes. Je les exempte du droit de Tonlieu dans toute l'étendue du fief de Breteuil. Si par hasard les frères venaient à essarter, les seuls moines de Lyre toucheraient la dime.

Toutes les donations susdites avec les libertés et exemptions, moi, Robert, je les ai accordées et concédées en posant un missel sur l'autel le jour de la dédicace de ladite église célébrée le quatrième jour avant les calendes de mai. Et en ce même jour de la dédicace par le conseil et le consentement d'Audouin, évêque d'Évreux, j'ai donné en aumône perpétuelle pour le vivre et la subsistance des serviteurs de Dieu fixés au Désert ma métairie sise entre

[1] « On a le droit, dit Avenelle, de prendre par délivrance le bois nécessaire pour les réparations du prieuré et le droit de prendre le bois mort et le mort bois pour le chauffage. »

[2] Maigne d'Arnis dit : « *vivi igitur bosci usus est ad ædificandum, mortui vero ad ardendum* » : le vif bois sert aux constructions et le mort bois pour le chauffage.

[3] Les mots *pasena, pacuum, pactus, pascuum*, désignent le pâturage ; autrefois : *pastis*.

[4] Les mots *pannagium, panagium, panasgium*, expriment le droit de mener les porcs à la glandée dans les bois seigneuriaux.

[5] *Telon, telonum, theloneum* sont des mots designant un droit de douane, une taxe de passage.

et possidebam cum omnibus pertinentiis in terris et in pratis et in hominibus et aliis rebus omnibus, et in dedicatione supradictæ ecclesiæ dedit Amicia uxor mea, comitissa, unam marcam argenti æternaliter in redditu suo de Serpevine singulis annis habendam et Ernaldus de Bosco decem solidos dunetenses æternaliter in redditu suo de Glos singulis annis solvendos in festo Sanctæ Crucis in Maio. Et Wuilelmus Fresnel quinque solidos dunetenses æternaliter in redditu suo de Feritate ad eumdem terminum singulis annis habendos. Hæc autem dona et omnia supradicta beneficia tanquam eleemosynam propriam in manu prædicti episcopi viri religiosi ecclesiam illam dedicantis mittentes ego et uxor mea super altare posuimus.

Hanc autem donationem ratam et in æternum mansuram attestatione sigilli mei et scripti firmare curavi. Quam si quis a supradicta ecclesia abstraxerit memoratus episcopus illum anathematis sententia damnavit.

Testibus istis :

A. Ebroicensi; episcopo, Radulpho, archidiacono ; Wilelmo de Glos, archidiacono ; Wilelmo, decano de Bretolio ; Goscelino cappellano de Aquila : Vitali, capel-

Chéronvilliers et le Bois-Arnauld[1] libre et quitte telle que moi-même je la possédais avec toutes ses dépendances en terres et prés, personnel et toute autre chose. Et ce même jour de la dédicace de la susdite église la comtesse Amicie, mon épouse, a donné un marc d'argent à perpétuité, payable chaque année et imputable à son revenu de Serpevine. Ernauld du Bois a donné dix sous Dunois à perpétuité à prendre sur son revenu de Glos et payables à la fête de la Sainte-Croix en mai : Guillaume Fresnel a donné cinq sous dunois payables pour toujours à la même époque sur son revenu de la Ferté.

Tous ces dons et bénéfices ont été remis comme une pure aumône en la main du pieux évêque qui dédiait cette église et ma femme et moi les déposons sur l'autel.

Enfin j'ai fait vœu de rendre cette donation ferme stable et perpétuelle par l'apposition de mon sceau et par ma signature.

Que si quelqu'un retirait quoi que ce soit de ces biens à ladite église, l'évêque ci-dessus nommé prononcerait contre lui l'anathème.

Ont été témoins : Auduin, évêque d'Evreux ; l'archidiacre Ro-

[1] « Le fondateur, dit Avenelle, donne la métairie de Boisernaut que l'on nomme aujourd'hui la moinerie avec toutes ses appartenances en terres, preys, hommes et rentes. C'est de ce temps que le prieuré a été fief noble par ceste donation qui spécifie toutes les redevances faites à un fief et mesme que le moulin est du contenu de cette aumône car il ne se voit pas d'autre lieu d'où l'on puisse tirer l'origine de sa fondation. »

lano ; Ernaldo de Bosco ; Wilelmo Fresnel ; Baldoino de Grandvilier ; Reginaldo Boffei ; Balduino de Charnellis ; Wilelmo, clerico de Glos ; Amicia uxore mea comitissa Legrestrice ; Comitissa de Warvic ; Matre Roberti de Novoburgo cum duobus filiis suis Rotrodo et Henrico ; Juliana de Aquila et pluribus aliis.

Hoc factum est in diebus Hugonis de Deserto qui supradictam ecclesiam a fundamento construxit. Anno ab incarnatione Domini millesimo centesimo vicesimo quinto.

[Cartulaire du Désert, folio I, recto, et folio II R° et V°].

dolphe ; Guillaume de Glos ; Guillaume, curé doyen de Breteuil ; Gosselin, chapelain de Laigle ; Vital, chapelain ; Ernauld du Bois ; Guillaume Fresnel ; Baudoin de Grandvilliers ; Reginald Boffei ; Baudoin des Charnelles ; Guillaume, clerc de Glos ; Amicie, mon épouse comtesse de Leicester ; Marguerite du Perche, comtesse de Warwick ; la mère de Robert du Neubourg avec ses deux fils ; Rotrou de Warwick (plus tard évêque d'Évreux) et Henri, Julienne du Perche, femme de Gilbert de Laigle et grand nombre d'autres personnes.

Ceci fut fait au temps de Hugues du Désert qui construisit l'église depuis ses fondations, l'an de l'incarnation du Seigneur MCXXV[1].

C'est le 27 avril 1125 qu'eut lieu la solennité de l'inauguration de l'église du prieuré. Nous espérons que cette date ne passera plus inaperçue. Les personnes qui vivront en 1925 tiendront à honneur de célébrer le huitième centenaire du prieuré de Notre-Dame du Désert et le quatorzième centenaire de l'ermitage transformé.

[1] Nous remarquons que l'enclos défriché en partie par les anciens ermites, les Landes et le plessis appartenaient bien certainement au prieur Hugues du désert comme ils avaient appartenu de temps immémorial à ses prédécesseurs au Désert. Le texte de la charte de fondation lui-même ne laisse aucun doute à ce sujet. Les ermites par possession ininterrompue étaient en réalité propriétaires d'une partie des biens que leur donna Robert de Leycester-Breteuil. Nous ne saurions expliquer ce fait anormal. Peut-être était-il utile aux temps féodaux de procéder à une régularisation générale, à une adaptation de l'ancien droit de Rome au nouveau droit social et pour cela d'englober dans le fief les parcelles qui manifestement n'en faisaient point partie ?

II. — Chartes des successeurs du comte de Leycester, seigneur de Breteuil

Le fils du comte de Leycester donna trois chartes en faveur du prieuré de Notre-Dame du Désert. Par la première il prit sous sa protection spéciale les religieux et leurs successeurs. Par la deuxième il accorda au prieuré cinq deniers à prendre chaque semaine sur la coutume de Breteuil et un muid de blé à recevoir annuellement sur les moulins de la même localité. Par la troisième, il donne aux religieux cinq deniers sur la coutume de Lyre chaque semaine, une masure à Glos et une masure à la Neuve-Lyre. Nous ne reproduisons ici que la partie de la première charte que nous avons pu lire et traduire.

Robertus, comes Legrestriæ, et dominus Britolii a dei gratia ebroicensi episcopo et omnibus baronibus et militibus et burgensibus ad honorem de Bretolio pertinentibus et omnibus successoribus suis, Salutem.

Compertum habeo ex relatione et testimonio proborum et antiquorum virorum de honore Britolii quod *capella Beatæ Mariæ de Deserto* et omnes aliæ capellæ de foresta Britolii ad dominum Britolii pertinant cujus dominio proprio et tuitione subesse noscuntur et ad episcopum ebroicensem in his quæ ad christianitatem et religionem pertinent, concedo igitur et firmiter præcipio quod supra dicta capella de deserto et servus Dei Hugo et omnes ibidem con-

Robert, comte de Leycester, Seigneur de Breteuil par la grâce de Dieu, à l'évêque d'Evreux, à tous les barons chevaliers et bourgeois appartenant à l'honneur de Breteuil et à tous leurs descendants, Salut.

Je sais par le récit et le témoignage d'anciens et honorables habitants de l'honneur de Breteuil que la *chapelle de la bienheureuse Marie du Désert* et tous les autres ermitages de la forêt appartiennent au seigneur de Breteuil et sont connus pour être placés dans ses biens personnels et sous sa sauvegarde et qu'elles dépendent de l'évêque d'Evreux pour ce qui concerne les choses épiscopales et les matières religieuses. En conséquence j'ordonne que la

L'Intérieur de Saint-Sulpice de Breteuil.

fratres Deo famulantes in pace et quietudine sint, nec aliquis super illos ullam habeat potestatem præter illos quos supra diximus. ..... Similiter concedo et præsentibus litteris confirmo ut omnes aliæ capellæ de foresta Britolii præter capella de sancto Agilo, quæ singulariter propria est monachorum de Lira, omnes quidem habeant libertatem et solius episcopi sui et domini de Britolio potestati et tuitioni subjaceant.

Testibus: Guilelmo.....Gilberto, filio Rogerii, Rogerio, filio suo, et Ernaldo, filio Ernaldi, et Roberto et aliis : Et Gilleberto de Muneriis Radulpho de Grandvilier... Dei omnipotentis auxilium sentiat qui domino Hugoni servo Dei ei ibidem deo servientibus benefecerit et pro Deo administraverit.

dite chapelle du Désert, Hugues serviteur de Dieu ainsi que ses frères servant Dieu avec lui vivent en paix et en toute tranquillité sans que personne puisse prétendre à leur imposer aucune autorité en dehors de ce qui a été dit ci-dessus... De même par la présente charte je concède et j'établis que toutes les autres chapelles de la forêt de Breteuil, sauf celle de Saint-Agile qui est la propriété particulière des moines de Lyre, jouissent de toutes leurs libertés et n'acceptent que l'autorité épiscopale et l'autorité du seigneur de Breteuil.

Témoins : Guillaume... Gilbert fils de Roger; Roger, son fils, et Ernault, fils d'Ernault Robert, et plusieurs autres... Et aussi Gilbert des Minières ; Rodolphe de Grandvilliers. Reçoive l'aide de Dieu tout-puissant celui qui fera du bien à Hugues et à ses frères et administrera pour le Seigneur Dieu.

Le fils de Robert II confirma toutes les donations faites au prieuré par son père et par son grand-père et il lui donna encore le bois nécessaire pour l'entretien du moulin, le bois mort pour le chauffage des meuniers, le droit de pâturage et l'entière propriété de la chapelle de Saint-Nicolas du Bois avec les privilèges et les libertés accordés au prieuré de Notre-Dame du Désert.

III. — Bulle du pape Innocent II. Charte du roi d'Angleterre Henri Ier

Pendant la première année de son pontificat (1130) le pape Innocent II adressa au prieur Hugues et à ses successeurs une bulle par laquelle il confirma toutes les donations faites et à faire au prieuré de Notre-Dame du Désert, savoir : le lieu du Désert donné par Robert, comte de Leycester, seigneur de Breteuil, le lieu de Cheranvilliers donné par Guillaume et Roger son fils, le lieu de Boor donné par Gaucelin Papot, le lieu de la Lande de Courtonne provenant du don de Roger et de son frère Lambert, neveux de Sedeman, etc., puis la bulle menace des foudres de l'église toutes les personnes qui oseraient aller contre [1].

En 1135, Henri Ier, roi d'Angleterre, se trouvant à Rouen donna l'importante charte que nous reproduisons en entier.

Henricus, rex Angliæ, Archiepiscopo Rotomagensi, episcopis, abbatibus, comitibus, baronibus et omnibus filiis sanctæ ecclesiæ per Normanniam constitutis, Salutem in Domino.

Sciatis quia ego dedi et concessi Deo et *Ecclesiæ Sanctæ-Mariæ de Deserto*, in remissionem peccatorum meorum et salutem animarum patrum et parentum meorum, omnes illas libertates et

Henri, roi d'Angleterre, à l'Archevêque de Rouen, aux Évêques, abbés, comtes, barons et à tous les fils de la Sainte Église établis en Normandie, Salut dans le Seigneur.

Sachez que je donne et concède à Dieu et à l'*Église de Sainte-Marie du Désert*, pour le pardon de mes péchés et le salut des âmes de mes ancêtres et de mes parents, toutes les libertés et franchises

[1] Inventaire général des chartes, titres et autres actes qui sont dans le chartrier de l'abbaye de Notre-Dame de Lyre, ordre de Saint-Benoit, congrégation de Saint-Maur, au diocèse d'Evreux. 4e volume, 1739, n° 11. *Archives de l'Eure*, H. 500.

quietationes suas in omnibus rebus laïcalis servitii, ita quod ecclesia illa et clausum fratrum illorum, in quo laborant, nullius ditioni, nullius exactioni respondeant; sed inde tantum obediant episcopo ebroicensi de episcopalibus, et domino Britolii tanquam advocato suo in cujus feodo ecclesia illa fundata est et quas Robertus comes Legrestriæ, dominus Britolii eis concessit et dedit, et carta sua confirmavit. Confirmo quoque eidem ecclesiæ in eleemosynam perpetuam omnia beneficia illa quæ comes ille Robertus et uxor sua Amicia et antecessores et homines eorum concesserunt et dederunt, quæcumque etiam posteri, amore Dei et in religionis augmentum canonice daturi sunt: scilicet: omnium hebdomadarum anni duos solidos drocenses de redditu præposituræ Britolii, et in castello Britolii. II solidos quietos de censu domorum suarum duarum quas Reinerius filius Gir tenet de eis, et sex perticas terræ ad Bellum fagum in quibus domus suæ sunt, et alias terras quas ibidem tenent de feodo comitis et totam terram quam habent cum medietaria comitis quæ est inter Boscum Ernaldi et Cheronvillier; et de dono uxoris suæ, per annum unam marcam argenti perenniter in redditu doti suæ de Sepenio. Et de dono Ernaldi de Bosco decem solidos dunenses in redditu suo de Feritate perenniter. Et similiter concedo et confirmo Deo et ecclesiæ suæ de Casa Dei ter-

dans tout ce qui concerne le service laïque de façon que cette église et le clos où travaillent les frères ne tolèrent ni l'autorité ni charges de qui que ce soit, mais cependant qu'ils obéissent à l'Évêque d'Évreux dans les affaires épiscopales et au Seigneur de Breteuil comme à leur protecteur dans le fief duquel cette église a été élevée. Je confirme les libertés que Robert de Leycester Seigneur de Breteuil leur donna et leur confirma par sa Charte.

Je confirme encore à cette église du Désert à titre de perpétuelle aumône tous les bénéfices que ce comte Robert et sa femme Amicie et leurs vassaux et leurs ancêtres ont pu leur concéder et leur donner, ainsi que toutes les donations qui ont pu leur être faites dans la suite conformément aux lois de l'Église, pour l'amour de Dieu et le plus grand bien de la religion : savoir, chaque semaine deux sous de Dreux sur le revenu de la prévôté de Breteuil; deux sous sur le château de Breteuil, sur le revenu des maisons de Reinier fils de Gir ; six perches de terre au Bois joli sur lesquelles sont bâties leurs maisons ; les autres terres qu'ils possèdent sur le fief du comte et toute la terre qu'ils ont avec la métairie du comte située entre Bois-Arnault et Chéronvilliers ; un marc d'argent provenant de son épouse payable annuellement et devant être prélevé sur le revenu de sa propriété dotale de Serpevine;

ram in bosco quam Richier de Aquila eis dedit, et illam quam Guillelmus de Cheronvillier extra Boscum eis dedit de feodo Tegulariarum. Hanc in quam ecclesiam de Deserto et illam de Casa Dei et omnia supradicta beneficia quæ eis data sunt et omnia illa quæ illis in futuro canonice dabuntur, et omnes earum libertates et quietationes tanquam propriam eleemosynam meam, in manu et tutela mea et deffensione mea accipio et omnia bona eorum illis in perpetuum obtinenda regia auctoritate confirmo et integra et illibata permanere corroboro.

Testibus :

Johanne, episcopo Lexoviensi; Audini, episcopo Ebroicensi; Roberto, comite Glocestriæ, et Guillelmo, comite Warvick, et Roberto, comite Legrestriæ, et comite de Pontivo ; Guillelmo et Roberto de Ver et Roberto de Dura; Roberto de Haya et Hugone Bigoto et Hugone de Guarnaco et Guillelmo, filio Odonis et Johanne Marmion.

Actum apud Rotomagum anno incarnationis Domini millesimo centesimo tricesimo. q. MCXXXV. [Cartulaire du Désert.]

dix sous dunois donnés par Ernault du Bois à perpétuité à prélever sur son revenu de la Ferté.

De même je concède à Dieu et à son église de Chaise-Dieu la terre située dans le bois qui leur fut donnée par Richer de L'Aigle et celle qui est située hors du bois et que leur donna Guillaume de Chéronvilliers sur son fief de Tillières.

Je concède aussi la terre sur laquelle a été fondée l'église du Désert et celle de Chaise-Dieu, tous les bénéfices qui leur ont été donnés ou leur seront donnés canoniquement dans l'avenir et cela à titre d'aumône privée. Je reçois sous ma tutelle et sous ma protection les frères et leurs biens à perpétuité ; et par mon autorité royale je garantis l'intégrité absolue de tous ces biens indéfiniment.

Témoins :

Jean, évêque de Lisieux; Audoin, évêque d'Évreux; Robert, comte de Glocester; Guillaume, comte de Warvich; Robert, comte de Leycester; Guillaume, comte de Ponthieu ; Robert de Ver ; Robert de Dura; Robert de Haya; Hugues *Bigoto;* Hugues de *Guarnaco;* Guillaume, fils d'Odon ; Jean *Marmion.*

Fait à Rouen l'an de l'incarnation de Notre Seigneur MCXXXV. [Il y a eu un grattage sur la date dans l'original.]

L'ancien ermitage du Désert n'était plus qu'un souvenir.

Le prieuré du même nom était fondé. Le Pape et le roi avaient sanctionné l'œuvre des Robert et des Richer. Le bon serviteur de Dieu Hugues, était au comble de ses désirs, nous allons voir que son activité ne se ralentit pas pour cela.

IV. — Fondation de l'Abbaye de la Chaise-Dieu : ses relations avec Notre-Dame du Désert de 1125 a 1271

Tois ans après la fondation du prieuré de Notre-Dame du Désert, Richer II, cinquième baron de Laigle, décida de fixer sur ses terres le bon Hugues et ses religieux. A cet effet, il lui donna dans la forêt de Laigle une étendue de terrain assez considérable pour édifier un monastère et ses dépendances. On bâtit d'abord la chapelle que l'on dédia à saint Clair. Ce lieu prit le nom de cabane de Dieu, *casa Dei*, Chaise-Dieu.

Les constructions étant suffisamment avancées, Hugues remarqua que l'endroit choisi pour l'établissement du monastère n'avait point d'eau. Aussitôt Richer lui en donna un autre sur les bords de l'Iton très grand et très convenable et c'est là que fut établie la nouvelle Chaise-Dieu qui a subsisté jusqu'à la Révolution. La vieille Chaise-Dieu près de Chéronvilliers devint une ferme qui subsiste encore et quoique dépourvue d'eau, elle n'en resta pas moins dans les biens de Hugues du Désert.

Le nouveau monastère fut terminé en quatre ans, ce qui prouve, dit Veaugeois, l'historien de Laigle, « le zèle de Richer et l'empressement de Hugues à profiter des bonnes dispositions du baron ». La dédicace du nouveau monastère eut lieu le 2 octobre 1132. Julienne de Mortagne, mère de Richer II, y assista et à cette occasion elle donna aux frères du Désert une bibliothèque !

Hugues possédait donc à cette époque tous les biens donnés par Robert de Leycester, la métairie de la vieille Chaise-Dieu et le monastère du même nom avec ses dépendances. Il répartit ses religieux du Désert dans les deux communautés et les administra lui-même pendant quatorze ans, c'est-à-dire jusqu'en 1146.

Or au début du siècle, un prêtre du diocèse de Rennes nommé Robert et surnommé d'Arbrissel, du nom de son village, acquit par ses prédications une telle influence sur les foules qu'un grand nombre d'hommes et de femmes le suivaient dans tous ses déplacements sans vouloir consentir à se séparer de lui. Ce pêle-mêle déplut à l'évêque Marbode et à Geoffroy, abbé de Vendôme. Robert répondit en continuant à donner l'exemple de la chasteté la plus parfaite et pour faire une concession à ses supérieurs il fonda à Fontevrault un monastère devenu célèbre dans lequel les deux sexes, quoique séparés, étaient réunis dans une même église, et il voulut, en souvenir de l'obéissance de Notre-Seigneur et de saint Jean envers la Vierge Marie, que l'abbesse fût la supérieure de tout l'ordre et eût tous les religieux sous son administration.

L'ordre de Fontevrault, éternel objet des plaisanteries des goujats, eut un développement rapide et fut presque exclusivement réservé à la noblesse. Plusieurs filles de France ont été religieuses dans cet ordre.

Hugues du Désert, attiré sans doute par le succès de la fondation de Robert d'Arbrissel et voyant dans cet ordre une règle nette et précise donner de très beaux résultats, tandis que ses deux prieurés, lui disparu, continueraient à être régis par la seule volonté personnelle d'un prieur élu, prit la résolution de se donner lui, tous ses biens et ses religieux à l'ordre de Fontevrault. Il mit son projet à exécution (1150) : les prieurés de Notre-Dame du Désert et l'abbaye de la Chaise-Dieu appartinrent au même titre à l'ordre de Robert d'Arbrissel.

Il est dès lors probable qu'il y eut au Désert des religieux et des religieuses.

Une abbesse fontebraldine.

La charte suivante qui est précisément de 1160 semble établir d'une façon irréfutable la présence d'une religieuse dans notre prieuré.

Gilbertus de Tevraio universis vita fruentibus vel fruituris Salutem.

Noveritis quod ego Gilbertus de Tevraio pro salute mea et antecessorum meorum et pro anima uxoris meæ Helissent *quæ apud desertum soror extitit et ibi obiit et sepulta est* dedi et præsenti carta mea confirmavi in perpetuam eleemosynam Deo et beatæ Mariæ de Deserto viginti solidos

Gilbert de Thevray à tous présents et à venir Salut.

Vous saurez que moi, Gilbert de Thévray, pour mon salut, pour le salut de mes ancêtres et pour l'âme de mon épouse Helisende *qui vécut religieuse au Désert, y mourut et y fut inhumée*, j'ai donné et confirmé par la présente Charte en perpétuelle aumône à Dieu et à la bienheureuse Marie du Désert vingt sous angevins à prendre sur

andegavinsium de illis quadraginta solidis quos habebam de domino meo comite Legreste Roberto. Test : Comitissa Petronilla ; Hugone de Alueto ; Guillelmo de Bemecuria, etc., etc. Valete [1].	les quarante que je tenais de mon Seigneur Robert comte de Leycester. Témoins : comtesse Pétronille ; Hugues de Alueto ; Guillaume de Bémécourt, etc. Salut.

L'abbaye de Chaise-Dieu n'eut des religieux et des religieuses que jusque vers l'année 1271. Le prieuré du Désert put avoir des religieuses pendant beaucoup moins de temps ; l'union introduite une première fois par Hugues dura peu, il en fut de même de celle qu'établit le prieur Henri comme nous le verrons bientôt.

Le comte de Leycester ayant désiré avoir dans son domaine anglais des religieuses de l'ordre de Fontevrault, l'abbaye de la Chaise-Dieu envoya une colonie à Etone sous la conduite d'Alberède de Beaumont qui reçut en Angleterre le titre d'abbesse. Plus tard, dans une concession d'immunités à son ancienne religieuse, Eldeburge, abbesse de Chaise-Dieu, qui conservait sur Etone ses droits de supérieure, donne à Alberède la simple qualification de prieure. L'acte de concession auquel nous faisons allusion eut pour témoins, Robert, ancien ermite du Désert, supérieur de la section masculine de Chaise-Dieu, et le célèbre Thomas de Cantorbéry, alors chancelier d'Angleterre (1157-1160).

Dès 1155 l'abbesse Eldeburge avait comme prieure, c'est-à-dire comme supérieure après elle, Julienne de Laigle, fille du fondateur Richer II. Sa sœur Félicie, vint la rejoindre et toutes deux priaient souvent ensemble près du tombeau de leur

[1] « Il existait dès la fin du XIe siècle, nous écrit le savant historien du Bec, M. l'abbé Porée, un usage fort répandu qui consistait à se faire recevoir frère ou sœur dans la fraternité des abbayes afin de participer aux prières et aux bonnes œuvres des communautés auxquelles on était affilié ; on revêtait l'habit de l'ordre comme cela se fait encore aujourd'hui pour le tiers ordre de Saint-Dominique et de Saint-François. A l'abbaye du Bec de nombreux laïques, hommes

père et de son épouse Béatrice dans l'Eglise de Chaise-Dieu.

Richer III, frère de Julienne et de Félicie, succéda à son père. Il épousa Odeline, fille du vicomte de Sainte-Suzanne dans le Maine, qui vint par la suite vivre à la Chaise-Dieu. Cette princesse douée de qualités éminentes jouit d'une longue vieillesse et quand elle mourut on lui éleva un magnifique tombeau au milieu du chœur des religieuses. Sa fille, mariée à Corbin de Tillières, devenue veuve, prit le voile et vint retrouver Odeline à la Chaise-Dieu : elle était prieure en 1208. Dix ans plus tard, en 1218, sa tante Félicie était, elle aussi, devenue prieure. Notons que c'est vers cette époque seulement que le prieuré de Notre-Dame du Désert commence à être désigné sous le nom de prieuré de Sainte-Suzanne. Il nous paraît probable que les pieuses dames dont nous venons de parler ont établi dans notre Désert la dévotion à la grande vierge romaine, patronne de leur vicomté et de leur famille.

L'union de l'abbaye de Chaise-Dieu et du prieuré du Désert avec Fontevrault effectuée par Hugues ayant cessé, le prieur Henri fit une nouvelle tentative du même genre. On conserve, dit-on, au trésor de Fontevrault la charte établissant cette nouvelle union. Mention de cette pièce importante est faite dans les *Archives de l'Eure*, II. 1438, et nous l'avons trouvée dans les papiers de famille de M. Quevilly. On pourra y lire les noms de sept religieux du Désert et y acquérir la conviction que notre prieuré recevait des religieux et des religieuses.

et femmes, étaient ainsi reçus dans la fraternité : on les nommait *fratres familiares* quel que fût le sexe. Parfois et par exception de pieuses et généreuses bienfaitrices, sœurs par la fraternité, étaient autorisées à se faire construire près des abbayes d'hommes, mais naturellement en dehors de la clôture, un petit reclusoir où elles passaient leur vie dans la prière. Elles assistaient aux offices dans l'église de l'abbaye. Hélisende de Thevray devait être dans ces conditions. » La charte du prieur Henri que nous avons été assez heureux de trouver, nous semble établir cependant d'une manière irréfutable qu'il y avait des religieuses au Désert.

Omnibus fidelibus et sanctæ matris ecclesiæ filiis ad quorum notitiam præsens carta pervenerit ego Henricus prior, Durandus, Ricardus, Radulphus, Paistimanie, Radulphus, Gurtel, Bernuinus capellani et fratres domus deserti, Salutem.

Universitati vestræ notum sit quod nos omnes cum omni humilitate bono animo et propria voluntate donavimus nos Deo et venerabili abbatissæ Adilidi et ecclesiæ atque ordini Fontebraldi et domum nostram de deserto cum omnibus pertinentiis et appendiciis... Dicta vero abbatissa Adilidis et conventus Fontebraldi nos gratenter et benigne recepeerunt et suo admiserunt consortio. Ita quod deinceps sibi per omnia et in omnibus obedientes erimus, NEC ALIQUAM VEL ALIQUEM IN DOMO NOSTRA ABSQUE JUSSIONE ABBATISSÆ FONTIS EBRALDI DE COETERO RECIPIEMUS IN DOMO NOSTRA DESERTI QUAM DIU VIXERIM... ANNO VERBI INCARNATIONE MCCVIII.

A tous les fidèles et à tous les enfants de notre sainte mère l'Église qui auront connaissance de la présente charte, moi Henri, prieur, Durand, Richard, Rodolphe, Paistimanie, Rodolphe, Gurtel, Bernouin, chapelains et frères de la maison du Désert, Salut.

Nous désirons que vous sachiez tous que, en toute humilité, animés de bons sentiments et agissant de notre propre volonté, nous nous sommes donnés à Dieu et à la vénérable abbesse Adélaïde, à l'église et à l'ordre de Fontevrault avec notre maison du Désert et tout ce qui en dépend.

Ladite Abbesse et le monastère de Fontevrault nous ont reçu volontiers et avec bonté et nous ont admis dans leur ordre. En conséquence de quoi nous lui obéirons désormais en tout et pour tout et MA VIE DURANT NOUS NE RECEVRONS DANS NOTRE PRIEURÉ DU DÉSERT NI HOMME NI FEMME SANS L'AUTORISATION DE L'ABBESSE DE FONTEVRAULT... L'AN DE L'INCARNATION MCCVIII.

V. — Les barons de Laigle et les vicomtes de Sainte-Suzanne

Le premier baron de Laigle, celui qui construisit le château fut Fulbert Ier (1010-1027). Il eut pour fils et successeur Enguenouf, époux de Réchérède, qui tomba sur le champ de bataille d'Hastings (1027-1066) et laissa deux fils Richer Ier qui lui succède et Gilbert.

Richer Ier, troisième baron de Laigle (1066-1085), épousa Judith d'Avranches. Il fut tué au siège de Sainte-Suzanne dans le Maine par un enfant de douze ans. On sait que cette petite place de guerre arrêta pendant quatre ans celui qui avait conquis l'Angleterre en un jour.

Gilbert, fils du précédent, quatrième baron de Laigle (1085-1118), épousa Julienne de Mortagne, celle-là même qui donna une bibliothèque aux religieux du Désert.

Richer II, aînée des neuf enfants de Gilbert, cinquième baron de Laigle, fut l'ami de Hugues du Désert, c'est avec son autorisation que ce dernier demanda une colonie de Fontebraldines pour le couvent construit au bord de l'Iton et qu'il fit ensuite abandon du Désert et de tous ses biens en faveur de l'abbesse générale de Fontevrault. Richer II, bienfaiteur du Désert, fondateur de la Chaise-Dieu, épousa Béatrice dont il eut Richer III, Julienne prieure de Chaise-Dieu sous l'abbesse Eldeburge en 1155, Félicie qui fut prieure en 1218 et une autre fille dont le nom est inconnu qui épousa un vicomte de Sainte-Suzanne.

Richer III, sixième baron de Laigle (1161-1176), épousa Odeline, fille du vicomte de Sainte-Suzanne qui, devenue veuve, vécut à la Chaise-Dieu[1].

[1] Odeline ou Adeline de Sainte-Suzanne dut épouser Richer III vers 1165 : elle avait alors dix-sept ans. Bien qu'il y ait incertitude à cet égard, on pense qu'elle prit le voile à la mort de son mari survenue en 1176. Ce qui n'est pas douteux, c'est qu'elle vécut avec les religieuses de la Chaise-Dieu et leur inspira par sa douceur, sa bonté et sa haute intelligence un attachement sans bornes. Elle eut le bonheur de voir sa fille venir la rejoindre à l'abbaye ; elle avait alors soixante ans. Dix ans plus tard elle reçut aussi sa tante Félicie, sœur du fondateur.

Odeline vivait encore lorsque Gilbert des Essards, célèbre par ses pérégrinations en Orient et plus encore par son retour miraculeux à la Poultière, confirma les donations faites par ses ancêtres au prieuré du Désert et à la Chaise-Dieu.

Le nom d'Adeline figure encore dans un acte de 1240. S'il s'applique à la veuve de Richer III elle aurait vécu plus de quatre-vingt-dix-huit ans.

Le pieux pèlerinage qu'Odeline conduisit de la Chaise-Dieu au Désert et dont

Gilbert II, septième baron de Laigle (1176-1230), confirma tous les dons faits à l'abbaye de la Chaise-Dieu et s'engagea en outre personnellement à fournir aux Fontebraldines mille harengs tous les ans.

Après Gilbert III et Richer IV la baronie de Laigle passa par mariage dans la maison ducale de Bretagne.

Les successeurs des Barons de Laigle furent :

Alain d'Avaugour, 1235-1278 ;

Henri d'Avaugour, 1278-1289 ;

Jean de Bretagne, 1289-1293 ;

Jean II, 1293-1306 ;

Jean III, 1306-1312 ;

Jean de Bretagne et de Montfort, 1312-1345 ;

Jean IV, 1345-1366 ;

Jeanne la Boiteuse, 1366-1384 ;

Du Bois de Chatillon, 1384-1404 ;

Jean de Chatillon, 1404-1452 ;

Nicole de Bois-Chatillon, comtesse de Penthièvre, 1452-1485 ;

Jean III de Penthièvre, 1485-1505 ;

René de Penthièvre, 1505-1525 ;

Jean IV, 1525-1554 ;

François d'Aubray, 1556-1568, etc., etc.

Un seigneur de Sainte-Suzanne possédait la ville du même nom dans le Maine en 930. Lucie de Sainte-Suzanne apporta cette terre par mariage à Raoul II, seigneur de

nous avons tenté la reconstitution à la fin de notre travail, nous paraît devoir être placé en 1230 (Voir Vaugeois, le Dictionnaire de l'Eure, la *Chronique de Laigle*, Orderic Vital et, aux *Archives de l'Eure*, « Chaise-Dieu »).

Notons que Vaugeois nous dit page 254 que Julienne de Laigle, fille de Gilbert quatrième baron, était prieure à Chaise-Dieu en 1155 et page 274 que Julienne, fille du fondateur était prieure au même lieu en 1155.

Il y a là confusion évidente, Julienne est prise une fois comme sœur, une autre fois comme fille de Richer II.

La prieure de 1155 était bien certainement la fille de Richer II et de Béatrice.

Beaumont et du Mans. Odeline de Sainte-Suzanne épousa, comme nous l'avons vu, Richer III de Laigle, elle était aussi comtesse de Beaumont et du Mans.

En 1253, Sainte-Suzanne passa dans la maison de Brienne par le mariage d'Agnès de Sainte-Suzanne avec Louis de Brienne, troisième fils de Jean de Brienne, roi de Jérusalem.

Marie de Chamaillard, vicomtesse de Sainte-Suzanne, épousa en 1371 Pierre II d'Alençon et eut pour fils Charles, duc d'Alençon et de Sainte-Suzanne, marié à Marguerite d'Orléans, sœur de François Ier.

Cette princesse devenue veuve épousa Henri d'Albret, roi de Navarre, père de Jeanne d'Albret qui mit au monde le dernier vicomte de Sainte-Suzanne, celui-là même que nous appelons là-bas *lou nostre Enric*, le bon roi Henri IV, que nous ne pensions pas en vérité avoir le plaisir de rencontrer en cette affaire.

VI. — Fondation de l'abbaye de Notre-Dame de Lyre : ses relations avec Notre-Dame du Désert de 1125 à 1674

Le monastère de Lyre fut fondé par Guillaume, duc d'Herford, seigneur de Breteuil, et sa femme Adeline. Il reçut des fondateurs la seigneurie de la Vieille-Lyre.

Situé à mi-côte, non loin de la Risle, cet établissement religieux prit rapidement un développement considérable ; vu de loin, dans son magnifique cadre de verdure, il apparaissait comme une petite ville.

Le premier abbé de Lyre fut le moine Robert du Chalet que l'on prit à Saint-Evroult en Ouche, abbaye déjà célèbre qui devait, quarante ans plus tard (15 mars 1085), recevoir le jeune Orderic Vital, le grand et modeste historien de la Normandie.

Au début, Lyre et Saint-Evroult ne formèrent qu'une seule et même congrégation. Le monastère de Lyre, enrichi par de nombreuses et importantes donations fut dédié par Guillaume, évêque d'Evreux (1055), et ne tarda pas à adopter la règle de Saint-Benoît sous l'administration du prieur Raoul Ier, moine du Bec.

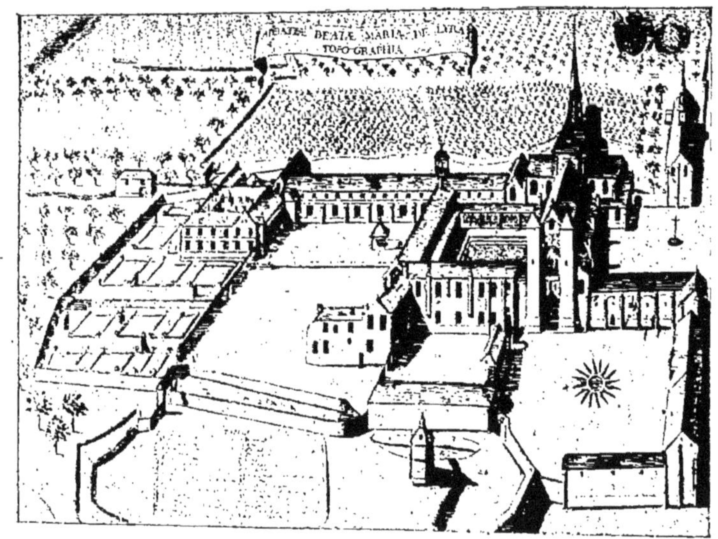

L'abbaye de Lyre.

Nous savons que, cinq ans auparavant, Robert de Leycester avait institué le prieuré de Notre-Dame du Désert sur les lieux mêmes où se trouvait l'antique ermitage du même nom dirigé par le bon Hugues serviteur de Dieu. Situé au centre d'une immense forêt « dans un point perdu et désolé » disent les anciennes chartes, éloigné des voies de communication importantes, privé de cours d'eau, le Désert ne pouvait avoir qu'une existence un peu effacée. Mais chacun sait que ce sont souvent ces existences calmes et modestes qui se prolongent le plus. Nous verrons le prieuré du Désert tout en conservant sa chétive vitalité, emporté dans l'orbite de Lyre. Nous verrons aussi ce même prieuré rester jusqu'au xxe siècle ce qu'il était en 1125, tandis qu'il ne reste du monastère de Lyre que quelques chambres d'un hôtel, où on loge à pied et à cheval sans aucune garantie !

Hélas ! le Bec lui-même n'est plus. Des inconscients ont détruit ses archives sacrées. De tout temps les grands arbres ont été les plus exposés aux coups de foudre.

Les relations entre Lyre et le Désert furent généralement bonnes. Nous ne savons pas qu'il y ait eu procès entre l'abbaye et le prieuré, mais il s'en fallut de bien peu.

En l'année 1214, le prieur Henry ayant vendu à l'abbé de Lyre la vigne qu'il possédait entre Boscchevrel et le château de Breteuil, un religieux du Désert, Rodulphe s'avisa de découvrir que le prieuré avait été trompé de moitié dans cette vente. Il obtint du pape une lettre au doyen de Bayeux et à deux autres juges. Sans doute les anciens titres de propriété présentaient quelques défectuosités, toujours est-il que la preuve ne pût être faite. Malgré cela, Lyre désirant donner un exemple éclatant de sa générosité ou peut-être mettre sa conscience en repos, offrit avant que l'affaire fût liée de donner au Désert à titre d'indemnité, soixante sous pour acheter un fonds et un demi-arpent de vigne. Rodulphe aurait sans doute désiré davantage mais le prieuré accepta et le procès n'eut pas lieu[1].

Vers l'année 1233, l'union dernière avec Fontevrault ayant pris fin, le prieur Durand cent huit ans après la fondation dû prieuré du Désert décida de s'unir à l'abbaye de Lyre.

[1] Pour les relations entre le prieuré de Notre-Dame du Désert et l'abbaye de Notre-Dame de Lyre, voir aux *Archives de l'Eure* H. 590. Inventaire de Lyre, paragraphes XIX, XXIX, XXX, XXXI, XXXII.

Dans une charte de la même année on peut lire que « les « religieux du Désert se donnent à l'abbaye de Lyre avec « tous leurs biens présents et à venir, tant au spirituel « qu'au temporel et veulent que l'abbé et le couvent de « Lyre disposent d'eux et de leurs biens de la manière qu'ils « jugeront à propos, s'obligeant à ne recevoir personne « dans leur maison sans l'exprès consentement de l'abbaye « déclarant nul ce qui se ferait de contraire ».

Richard, évêque d'Evreux, donna son entière approbation à l'union de 1234.

Le paragraphe XXXI de l'inventaire de Lyre renferme une double lettre du susdit prieur Durand et de ses confrères adressée au grand roi de France, saint Louis, par laquelle Sa Majesté est informée que, demeurant au Désert dans la forêt de Breteuil et y vivant à leur volonté sans observance régulière comme des brebis égarées, qui n'ont pas de pasteur, ils désirent travailler à leur salut. A cette fin ils ont choisi l'ordre de Saint-Benoît pour y corriger leurs égarements et régler leur conduite suivant la discipline de l'ordre. C'est pourquoi se jetant aux pieds de Sa Majesté ils la supplient de vouloir leur permettre de se soumettre eux et leur maison du Désert à la juridiction de l'abbé et couvent de Lyre, d'embrasser leur règle et de prendre leur costume monacal; et que Sa Majesté veuille bien leur donner cet abbé comme tuteur et patron pour le salut de leurs âmes en confirmant par son autorité royale le don qu'ils font de leur maison à cette abbaye dans laquelle ils savent que la discipline régulière règne dans sa rigueur.

Saint Louis accorda la permission demandée « autant qu'elle ne porterait aucun préjudice *à sa forêt de Breteuil* ».

Consommée en 1246, l'union n'empêcha d'abord pas les religieux du Désert de conduire eux-mêmes leur prieuré jusqu'en l'année 1308.

Vers la fin du XVIIe siècle, le prieur Franchomme se démit de son titre en faveur du séminaire d'Évreux et il obtint le consentement de l'abbé de Lyre le 27 juillet 1674. Les religieux approuvèrent le 9 septembre de la même année. Cette approbation ne fut pas obtenue sans de vives difficultés ; les révérends dom Benoist, dom Quesnel et dom Quillebœuf ayant déposé une opposition. Cependant il fut passé outre et les lettres patentes du roi obtenues, le parlement enregistra en 1675.

CHAPITRE V

LES PRIEURS DU DÉSERT

I. Les successeurs des ermites. Prieurs libres. Prieurs bénédictins. Prieurs séculiers. Les successeurs des prieurs. — II. Abbés du Bec. Abbés de Lyre. Prieurs du Désert. — III. Abbesses, prieures et religieuses de la Chaise-Dieu.

I. — Les successeurs des ermites : Prieurs libres ; Prieurs bénédictins ; Prieurs séculiers ; Les successeurs des prieurs

Lorsque saint Martin eut introduit la vie cénobitique en Occident, des ermitages, des prieurés, des abbayes s'élevèrent dans toute la Gaule, précédés par la célèbre maison de Ligugé (390). Au ve siècle deux cents fondations pieuses s'élevèrent dans le territoire correspondant à la France actuelle.

C'est dans ces époques reculées que quelques personnes pieuses désirant se livrer ensemble à la prière construisirent l'ermitage du Désert « dans un lieu d'horreur et de solitude ». Plusieurs écrits du xie siècle contiennent ces mots ; « il existe dans la forêt de Breteuil un ermitage *très ancien* ».

Les noms des premiers ermites attirés par la sauvage grandeur du site ne sont pas parvenus jusqu'à nous : nous avons vu déjà qu'une tradition, bien voisine de la certitude historique, admet qu'un des premiers ermites du Désert, sinon le premier, fut *Mélanius*, ami et conseiller du roi Clovis.

Bien plus près de nous, Guillaume d'Evreux, fils de Gilbert d'Evreux, trésorier des finances du roi d'Angleterre

Henri I, était ermite au Désert quand on vint le chercher pour lui confier la charge de premier prieur claustral de l'abbaye de Sainte-Barbe en Auge. Ceci se passait à l'époque où Vital le dernier des ermites venait de laisser sa charge au bon serviteur de Dieu Hugues du Désert que nous avons déjà appris à connaître et à vénérer[1].

Lorsque nous avons entrepris de donner une liste des prieurs de Notre-Dame du Désert nous étions bien loin de prévoir les difficultés que nous allions rencontrer. Nous n'avons pas tardé à reconnaître que ceux-là seuls pourraient mener à bien un tel projet qui joindraient à une grande habitude des recherches historiques une connaissance approfondie des usages et des règlements de la vie monacale à toutes les époques.

[1] « J'ay longtemps creu que le bon Hugues serviteur de Dieu dont il est parlé dans les chartes du prieuré avoit donné commencement à nostre vénérable Désert d'effect et de nom ; mais ayant veu un manuscrit de la vie admirable du bon Guillaume d'Évreux, premier prieur claustral de l'abbaye de Sainte-Barbe en Auge, et qui avoit été tiré du Désert pour cette charge, j'ay changé de sentiment ayant reconnu qu'un nommé Vital, vénérable ermite, l'avoit précédé dans ce lieu : car l'autheur de ce manuscrit après avoir dit que ledit Guillaume avait pris naissance à Rouen d'un nommé Gilbert d'Évreux thrésaurier des finances de Henri Ier, roy d'Angleterre, duc de Normandie, qu'ayant succédé à son père en ladite charge il avoit obtenu un canonicat de l'église cathédrale de Rouen d'une manière assez inique, qu'enfin touché par une grâce particulière de Dieu s'estant réveillé du profond assoupissement dans lequel l'avoit jeté sa mauvaise conduite il s'estoit résolu de tromper le monde après avoir esté trompé en se retirant en quelque solitude, dit ce qui suit au chapitre III. — Il y avoit dans une forest près du chasteau de Bretheuil un ermitage habité par quelques personnes religieuses sous la conduite d'un supérieur nommé Hugues du Désert, homme de grande réputation parmi les gens de bien et qui avoit été disciple d'un vénérable ermite nommé Vital, dont la mémoire était alors en bénédiction : l'odeur de sainteté du lieu et de ceux qui l'habitoient estant parvenu jusqu'à notre nouveau converty, ce fut là qu'il résolut de faire sa retraite. Voilà pourquoi estant seulement accompagné d'un de ses élèves qui lui servoit d'aumosnier, nommé Hubert, personnage vénérable et de mérite, sans lui rien dire de son dessein, il se rendit au plus tôt dans ce lieu d'horreur et de vaste solitude.

« Dans la suite, sur le désir du Roy, de l'évêque de Lisieux, des chanoines de Sainte-Barbe en Auge, Guillaume dut quitter le désert et, obéissant surtout à la volonté de Dieu, il s'achemina vers l'abbaye dudit lieu avec deux autres ermites du Désert qui estoient natifs de Rouen, Ernault et Hébert.

« Ils furent reçus par Jean, évêque de Lisieux, revêtu de l'habit de l'ordre et le dict Guillaume, estably prieur, ayant refusé dans sa très grande humilité la qualité d'abbé que le fondateur désiroit qu'il prist. » « In : Mémoires instructifs du noble fief du prieuré de Notre-Dame du Désert, par A.-J. Avenelle. *Archives de l'Eure*, G. 183. »

Nous avons mis à contribution la liste absolument incomplète et très défectueuse d'Avenelle, le Pouillé du Désert entre les années 1579 et 1670 et l'inventaire des chartres titres et autres actes de l'abbaye de Lyre. Il nous est arrivé de rencontrer assez fréquemment des noms de prieurs que l'on ne retrouvait plus par la suite et d'autres qui paraissaient correspondre à des personnages considérés ultérieurement comme n'ayant jamais existé. Cette façon énergique et assez romaine d'admettre la non-existence d'un « imposteur soi-disant prieur » n'aurait pas au point de vue qui nous intéresse un très grand inconvénient si la postérité s'était trouvée avoir toujours des avis identiques; le contraire est la règle et nous pourrions citer tel prieur non existant, figurant à nouveau sur les listes, puis redevenu non existant. Quand un homme est par trop discuté n'est-il pas prudent de lui éviter des décisions tranchantes? Enfin pendant certaines périodes il semble qu'il y a eu au Désert deux, trois, quatre cinq prieurs en même temps. Avenelle nous semble expliquer très judicieusement ce fait bizarre: « Je croy, dit-il, ces choses estre arrivées par la faute des procureurs et autres officiers de justice qui d'ordinaire sont assez libéraux de donner des qualités honorables à qui ne les a point. »

En tête de notre liste nous placerons les noms de saint Mélaine, Guillaume d'Evreux, Ernault et Hebert, puis l'ermite Vital. Au nombre des disciples de Vital figurait Hugues du Désert.

Le frère Henry, dit Avenelle, succéda à Hugues en 1214. Or, Hugues, qualifié de vénérable en 1125 lors de la dédicace du prieuré, avait au moins trente ans; par suite, avant de laisser sa succession au frère Henry en 1214, il aurait encore administré le prieuré pendant quatre-vingt-neuf ans et il serait mort à l'âge de cent-dix-neuf ans au minimum!

Cela est possible mais nullement certain. Avenelle sans même le remarquer donne à Hugues une longévité quelque peu suspecte. Nous pensons qu'il y a eu, entre Hugues et Henry, un ou plusieurs prieurs dont le nom est resté inconnu, ou encore, que la supérieure générale de Fontevrault exerça pendant cette période sur le Désert comme sur la Chaise-Dieu son autorité souveraine soit directement, soit par l'intermédiaire des personnages qui ne prenaient pas le qualificatif de prieurs [1].

Nous savons qu'après deux tentatives d'union avec Fontevrault, tentatives suivies de courts succès, Lyre attira le Désert dans son orbite tout en lui laissant le choix de ses prieurs jusque vers l'année 1340. En 1308 le frère Jean, ermite du Désert, était prieur. Il fut remplacé par Ernault. Nous lisons dans les notes posthumes de M. Henri Quevilly, notes provenant du manuscrit attribué à Mme du Bois de la Pierre, et conservé au chartrier de Chambray-sur-Iton : « Emme de Bémécourt fit un don à la Chaise-Dieu en présence de Ernault prieur du Désert, 1330-1340..... »

Après Ernault les abbés de Lyre usant de leur droit désignèrent eux-mêmes les prieurs. Les sept bénédictins dont les noms suivent inaugurent cette nouvelle période :

Dom Robert du Bosc, 1371 ;
Dom Robert de Mousseaux, 1395 ;

[1] « En 1214, sous le prieur Henry, donation fut faite à l'église du Désert de la cinquième partie du grand pré joignant l'écluse du moulin de ladite église. Ladite donation fut faite en présence de Girard d'Auvergny, seigneur du fief où était ledit pré, qui reçut soixante sous en agréant icelle en présence de la paroisse d'Ambenay. Cette donation fut faite par Dupont Jean et sa femme Gode qui reçurent sept francs pour s'acquitter des grandes dettes qu'ils avoient contractées envers les Juifs. » Déjà ! Voy. Inventaire de Lyre. *Archives de l'Eure*, H. 590.

[2] Le frère Jean se nommait en réalité Jean Mabille. Mathieu, évêque d'Évreux, donne en emphytéose perpétuelle à Jean Mabille, prieur du Désert, sous réserve du consentement de Lyre, une maison située à Condé au lieu dit les Brosses la

Dom Jean de Bourguignon, 1405 ;
Dom Michel Josse, 1444 ;
Dom Michel Bouchard, 1448 ;
Dom François Gastine, 1452 ;
Dom Jean de Cléry, 1475.

Ce dernier avait été donné comme coadjuteur à dom Geoffroy Gastine âgé de quatre-vingts ans et incapable de continuer ses fonctions ; ceci, avec le consentement de Louis d'Harcourt, patriarche de Jérusalem, évêque de Bayeux et abbé commendataire de Lyre.

Vers l'an 1522 le prieuré du Désert tomba en main séculaire, mais « comment et de quelle manière, je le laisse à « penser à qui voudra examiner les choses de plus près[1] ».

Ce fut Etienne Patry, prêtre chanoine d'Evreux, qui reçut le prieuré en 1522 : son successeur fut Jean de Maynemare. Entre ces deux prieurs le Pouillé place Pierre Alespée, prêtre absent, membre de l'abbaye de Lyre, qui avait succédé à E. Patry en 1533.

Après de Maynemare nous trouvons Jean de l'Estandart, 1549, et Eustache Magdeleine, 1564, qui, en réalité, succédait à Louis Ramonet et à Gaspard Moncel, lesquels, par suite d'irrégularité, d'incapacité, d'inhabilité et de simonie sont considérés comme imposteurs et usurpateurs ; le siège occupé par eux devant être considéré comme resté vacant. Par résignation d'Eustache Magdeleine du 15 septembre 1568, le prieuré passe à Etienne Dagomert. Puis furent successivement prieurs, Gaspard Morisset, Jean Maslin 1573, Thomas de la Plesse 1576, Herme de Bréaulté 1576, dom Mathurin Duprey 1579.

Ronce avec un jardin et un bois joignant icelle... le tout pour huit sous de rente. Voy. Inventaire de Lyre. *Archives de l'Eure*, H. 590.

[1] J.-A. Avenelle.

Dom Robert de Mallevoue, religieux de Conches, succéda au prieur Herme de Bréaulté ; le prieuré étant resta vacant par l'indue possession de dom Mathurin Duprey « soy disant Moyne », 1580.

Messire Claude de Saintes, évêque d'Evreux, conféra le prieuré du Désert à Etienne le Velu, clerc chanoine d'Evreux, le 13 janvier 1581.

Puis vint Jean Duprey le Jeune, Adrien Maillard 1587 et Antoine Morisset d'Angers, 1588.

Le successeur de Morisset fut vénérable et discrète personne, Jean Guesbert prêtre, docteur en droit, doyen et chanoine de la cathédrale d'Evreux, qui laissa sa charge à Pierre Mesnil, 1604.

Puis vinrent Jean Duprey, 1610 ;
François de Moreau 1628 ;
Georges d'Acon 1651 ;
Robert Campau 1651.

En 1655-1660 le prieuré du Désert appartenait à Messire Jacques Le Doulx de Melleville lequel avait donné en échange son prieuré de Friardel près d'Orbec.

Il est très intéressant de remarquer ici que la famille du prieur Le Doulx de Melleville, 1655, est alliée à la famille Le Vacher d'Urclé qui possède actuellement le prieuré de Notre-Dame du Désert ! Claude Le Doulx de Melleville épousa demoiselle Anne-Julie-Augustine Le Vacher de Perla, fille de Messire Jean-Louis Le Vacher de Perla, écuyer, conseiller secrétaire du roy, maison de France, seigneur patron de Contrebois, seigneur de Randonnay, de Belle Perche, du Chesnay et autres lieux, et de Françoise Collombel.

Le contrat de mariage a été passé à Breteuil le 8 pluviôse an VIII.

A ce contrat assistaient Nicolas-Louis-Benjamin Le Vacher de la Véronnerie, Prosper-Isidore Le Vacher d'Urclé,

Félix-Omer-Gratien Le Vacher du Souzel, frères de la future.

Le même Jean-Louis Le Vacher de Perla, lors de la réunion des trois ordres en 1789, comparut dans l'ordre de la noblesse pour le bailliage de Verneuil. Les armes des Le Vacher sont de *sinople à une tête de vache d'or.*

En 1668, le prieur Le Doulx de Melleville résigna le prieuré

Le prieur Le Doulx de Melleville.

en faveur du Révérend Père Eudes, premier supérieur et instituteur du séminaire d'Évreux. Nous devons nous arrêter un instant sur ce grand nom.

A cinq cents mètres de la vieille église de Ri, dans le canton de Putanges et non loin d'Argentan, on peut visiter de nos jours une antique et modeste maison qui, vers la fin du XVIe siècle, abritait un médecin de campagne, marié depuis quelques années. Le médecin se nommait Isaac Eudes; sa femme était née Marthe Corbin.

Pour appeler la bénédiction de Dieu sur leur union, les époux Eudes décidèrent de se rendre en pèlerinage au Sanctuaire de Notre-Dame de Recouvrance dans le village des Tourailles. Ils parcoururent à pied les chemins qui reliaient leur village à l'autre extrémité du canton, par Hablovilie [1], Champcerie, Bazoches, Rabodanges, la Forêt-Auvray et Sainte-Honorine-la-Guillaume et, arrivés au célèbre sanctuaire ils prièrent Notre-Dame avec toute la ferveur de leur âme.

Le ciel exauça largement leur désir, car nos jeunes époux eurent successivement trois fils sans préjudice de quatre filles. L'aîné des garçons reçut le nom de Jean, le second se nomma Francois ; le plus jeune, Charles.

Pour arriver à nourrir toute cette famille il fallut se priver et se fatiguer davantage, peut-être même, aliéner une partie des quelques arpents de terre que le père Isaac possédait au Mézeray et au Val d'Houai.

Jean manisfesta dès l'enfance les sentiments de la piété la plus vive.

François, protégé par Vauquelin des Yveteaux vint à Paris, discuta beaucoup, travailla plus encore et finit par être protégé par Richelieu. L'Académie l'admit dans son sein. Il remplaça Voiture et fut secrétaire de l'auguste assemblée. Il est juste d'ajouter que ses boutades endiablées et son indépendance d'esprit lui firent quelques ennemis, à son très grand étonnement, car il lançait le trait pour le trait et nullement pour la blessure. L'histoire de France qu'il écrivit immortalisa son nom.

Un jour un ami vint dire à François que Jean blâmait une partie de ses écrits : « Mon frère, risposta François, dit la

[1] Ri, Ronai. Hablovillc sont trois villages de l'Orne qui fournissent aux provinces du nord et de l'est de remarquables taupiers voyageurs.

messe le matin mais le reste du jour il ne sait pas ce qu'il dit, » et de rire aussitôt de sa plaisanterie dont il accentuait le caractère inoffensif.

Jean, le père Eudes, avait tout autant d'esprit que François dit le Mézeray, plus d'instruction première et beaucoup plus de piété.

Le jeune Charles, qui avait pris le nom d'Houai, embrassa simplement la carrière paternelle et exerça la médecine à Ri, puis à Argentan. En 1638 comme la peste désolait cette ville, il eut une conduite parfaite car nous lisons dans un chroniqueur du temps : « Dans le faubourg Saint-Thomas tout le monde mourut ou abandonna. Dans la grand'rue, l'herbe y était à couvrir les pavés, n'y voyant allants ni venants, que le chirurgien de la santé, Charles Eudes d'Houai, frère du Mézerai et du père Eudes. »

Ce Charles avait du caractère. Le comte de Grancey, maréchal de France, gouverneur d'Argentan, faisait démolir les murailles de la ville, les habitants murmuraient mais laissaient faire. Lorsque les ouvriers arrivèrent aux abords de l'antique horloge, ils reçurent l'ordre de la démolir. Le maréchal était là et il entendit une voix s'écrier : « Non, cela ne se fera pas ! » « Qui es-tu donc, insolent, pour t'opposer à mes ordres, dit M. de Grancey, au comble de la fureur ? »

« Nous sommes trois frères, adorateurs de la vérité, reprit sans s'émouvoir le médecin, l'aîné la prêche, le second l'écrit, et moi je la défendrai jusqu'à mon dernier soupir. »

Pour cette fois la tour fut sauvée.

Revenons à Jean Eudes, prieur du Désert. Après de très brillantes études à Caen et à Paris, il entra dans l'ordre des Oratoriens que M. de Bérulle avait fondé en 1611. Mais dès qu'il s'aperçut que l'esprit janséniste envahissait l'oratoire, il quitta cet ordre et fonda la congrégation de Jésus et de

Marie qui fut bientôt connue sous le nom de congrégation des Eudistes.

« Les disciples du maître, dit Rohrbacher, gardèrent fidèlement l'esprit qui l'avait animé tandis que l'oratoire alla de mal en pis. Lors de la terrible épreuve de la révolution, les oratoriens fournirent un des plus célèbres meurtriers

Le vénérable Jean Eudes.

de Louis XVI, Fouché, et quelques théologiens qui aidèrent les ennemis de l'Église à lui faire la guerre[1]. »

Lors de la grande peste, pendant que Charles d'Houai accomplissait rigoureusement son devoir professionnel à Argentan, le père Eudes vint spontanément s'établir sur les

[1] Rohrbacher ne serait-il pas trop sévère ? Il nous souvient d'avoir lu quelque part que les Oratoriens ne méritent nullement d'être traités de si cruelle façon. Ils ont nourri le hideux Fouché, c'est vrai, mais les apôtres ont-ils été déshonorés parce qu'il y a eu un Judas ?

points les plus éprouvés. Il ne put trouver un lit ni chez les seigneurs, ni chez les curés et fut obligé de se loger dans un tonneau où il se reposait pendant à peine quelques heures des soins incessants qu'il donnait aux pestiférés. Comme on lui reprochait de chercher la mort : « Je ne crains pas la peste, disait-il avec son doux sourire, je suis plus méchant qu'elle ! »

Le Père Eudes prêcha des missions qui sont restées célèbres, puis il se consacra à l'œuvre des séminaires portant

Le tombeau de Jean Eudes.

toujours dans son cœur cette grande dévotion à Jésus et à Marie, dont tout enfant il avait appris à bégayer les noms avec amour[1].

Coïncidence vraiment prodigieuse ! en 1674 sur le lieu

[1] Le P. Eudes par le R. P. Pinas, Eudiste. Voir aussi Larousse, et Rohrbacher, *Histoire universelle de l'Église*, vol. XXVI, p. 148.

même où deux cents ans plus tard devait s'élever la basilique du Sacré-Cœur, il faisait chanter à ses prêtres :

Gaudeamus exultantes
Cordis Jesu personantes
Divina præconia...

Lorsque Mgr de Maupas, évêque d'Evreux, recevait une lettre du Père Éudes, il la baisait et se mettait à genoux pour la lire ; c'est assez dire de quelle considération jouissait dans le monde chrétien ce saint remarquable qui eut l'honneur de remplir d'admiration un autre saint parti de l'extrême midi de la France, que l'on nommait alors Vincent de Paul !

Le petit aîné du médecin de campagne dont la maison est toujours là, perdue dans le feuillage dans ce bocage normand où tant de braves gens ne séparent jamais l'amour de Dieu de celui de la France, dort son dernier sommeil dans l'église de Notre-Dame de Caen. Son tombeau fait l'admiration des visiteurs.

Messire de Saint-Michel, de son vrai nom Léonor de Bethon succéda au père Eudes et conserva le Désert de 1668 à 1670, époque de sa mort.

Un bref de Rome désigna alors Julien Franchomme, prêtre économe du séminaire de Caen qui resta prieur jusqu'en 1674, époque où il se démit du prieuré en faveur du séminaire d'Évreux « pour luy estre uny et incorporé » ainsi que cela eut lieu avec l'assentiment péniblement obtenu de l'abbaye de Lyre.

II. — Abbés du Bec. Abbés de Lyre. Prieurs du Désert

Nous donnons ici la liste des prieurs du Désert telle que nous avons pu l'établir. Il nous a paru intéressant de placer en regard la liste des abbés de Lyre d'après la *Gallia Christiana* et celle des abbés de la glorieuse abbaye du Bec d'après M. Le Prévost[1].

NOTRE-DAME DU DÉSERT

Mélaine, 511-532-492.
Guillaume d'Evreux, 1127.
Ernault Hébert, 1127.
Vital.
Hugues, 1120-1132-1146.
Henry, 1208-1214.
Durand, 1233.
Jean Mabille, 1302.
Ernaut, 1330.
D. Robert du Bosc, 1371.
D. Robert de Mousseau, 1395.
D. Jean le Bourguignon, 1405.
D. Michel Josse, 1444.
D. Michel Bouchard, 1448.
D. Geoffroy Gastine, 1452.
D. Jean de Cléry, 1475.
Etienne Patry, 1522.
Pierre Alespée, 1535.
J. de Maynemare, 1535.
J. de l'Estandart, 1549.
Gaspard de Moncel.
E. Magdeleine, 1564.
E. Dagomert, 1564.
Gaspard Morisset.
Jean Maslin, 1573.
Herme de Bréaulté, 1574.
Thomas de la Plesse, 1576.
D. Mathurin Duprey, 1579.
D. Robert de Mallevoue, 1580.
Étienne Le Velu, 1581.

Jean Duprey, 1581.
Maillard Andrieu, 1587.
Étienne Morisset, 1588.
Jean Guesbert, 1604.
Pierre Mesnil, 1604.
Jean Duprey, 1610.
François de Moreau, 1628.
Georges d'Acon, 1651.
Robert Campan, 1651.
Ledoulx de Melleville, 1655.
Jean Eudes, 1668.
Léonor de Bethor, 1670.
Julien Franchomme, 1674.
(Supérieurs du Séminaire d'Évreux.).
Simon Manoury, 1679.
François Moget, 1688.
Gédéon de Mauny, 1690.
Charles Bence, 1714.
Thomas de Creuilly, 1704.
Leziart, 1728.
Julien Martines. 1737.
Bornainville, 1740.
J.-A. Frolard, 1746.
Jean Tessé, 1753.
Thomas Drouet, 1758.
B. Besselièvre, 1768.
Jean Quesnel, 1780.
(Chapelains.)
Louvet, 1780 à 1815.
(Curés des Baux, chapelains.)

[1] Les chiffres placés à droite des noms des prieurs signifient seulement que tel prieur était vivant à cette date.

Les Frères Eudes.

ABBAYE DE LYRE

Robert du Chalet, 1050.
Bernon.
Erfast.
Arnaud, 1070.
Hildebert, 1116.
Gilbert de Glos.
Guillaume I.
Raoul I, 1130.
Paul.
Hildier, 1142.
Guillaume II, 1148.
Osbert, 1166.
Geoffroy I, 1179.
Guillaume III, 1206.
Robert de Lisle, 1216.
Richard de Leycester, 1221.
J. d'Almenesche, 1226.
Geoffroy de Lavallée, 1244.
Raoul II, 1246.
Gilbert II, 1248.
Robert de Gauville, 1262.
Raoul III, 1282.
Guillaume IV, 1297.
Hildier II, 1330.
Guillaume V, 1331.
Robert III, 1350.
Jean II, 1359.
Guillaume VI, 1362.
Guillaume VII, 1367.
Georges Nizier, 1374.
Astorge de Beauclerc, 1390.
Etienne Duprey, 1400.
Simon de Monceaux, 1410.
Guillaume le Bas, 1440.
Louis d'Harcourt, 1463.
Pierre d'Amboise, 1479.
Benoît de Chamecy, 1481.
Jean de Cléry, 1500.
René de Prie, 1506.
Ambroise le Veneur, 1527.
Jean le Veneur, 1543.
Gabriel le Veneur, 1548.
Hyppolite d'Est, 1549.
Aloyse d'Est, 1571.
Louis de Guise, 1584.
Louis de Lorraine, 1588.
Charles de Bourbon, 1593.
Davy du Perron, 1604.
Jean du Perron, 1614.
Noël du Perron, 1627.
Barbier de la Rivière, 1649.
Bretel de Grémonville, 1671.
Seguier de la Verrière, 1686.
Louis de Calvières, 1689.
Gaston de Rohan, 1699.
Pierre de Pardailhau, 1713.
Constantin de Rohan, 1734.
François de Narbonne, 1779.

ABBAYE DU BEC

Helloin, 1034-1078.
Saint-Anselme, 1078-1092.
Guillaume de Montfort 1093.
Boson, 1124-1136.
Thibaut, 1136-1138.
Letard, 1139-1149.
Roger de Bailleul, 1149-79.
Osberne, 1179-1187.
Roger II, 1187-1194.
Wautier, 1195-1197.
Hugues, 1197-1198.
Guillaume II, 1198-1211.
R. de Saint-Léger 1211-1223.
H. de Saint-Léger, 1223-1247.

R. de Charbec, 1247-1265.
Jean de Guineville 1265-1272.
Pierre de la Cambe, 1272-1281.
Ymer de Saint-Ymer, 1281-1304.
G. de Saint-Etienne, 1304-1327.
Geoffroy Faré, 1327-1334.
J. Desgranges, 1334-1351.
Robert de Rôtes, 1361.
Guillaume Popeline, 1388.
Estout d'Estouteville.
Geoffroy Harenc II, 1391-1399.
Guillaume d'Auvilliers, 1399-1418.
Guillaume Vallée, 1418-1430.
Thomas Frique, 1430-1446.
Jean de la Motte, 1446-1452.
Geoffroy Benoît, 1453-1476.
Jean Boucard, 1476-1484.
Robert d'Évreux, 1484-1491.
Guillaume Guérin, 1491-1514.
Jean Ribaud, 1514-1517.
Adrien Gouffier, 1517-1519.
Jean d'Orléans, 1519-1533.
Jean VII le Veneur, 1533-1543.
Jacques d'Annebaut, 1543-1558.
Louis de Lorraine, 1558-1572.
Claude de Lorraine, 1572-1591.
Dominique de Vic, 1597.
Colbert, 1707.
De la Rochefoucauld, 1707-1717.
Louis de Bourbon Condé, 1717-1759.
Yves de Marbœuf, 1759-1771.
D. Dupont (député), 1789.

III. — Abbesses. Prieures et Religieuses de Chaise-Dieu

Nous devons les listes des religieuses de Chaise-Dieu aux notes manuscrites de M. Henri Quevilly, en son vivant juge de paix à Beaumesnil. Nous ne saurions trop remercier ici ses héritiers et M. l'instituteur Mineray. Grâce à eux nous pouvons donner des listes que nous avions vainement recherchées pendant toute une année et qui nous intéressent en raison des rapports importants entre l'abbaye de Chaise-Dieu et le prieuré du Désert.

Abbesses et prieures avant et depuis la réforme :

Jeanne de Laigle, 1147.
Alicie.
Emeline, 1205.
Julienne de Tillières, 1208.
Félicie de Saint-Célerin, 1218.
Marguerite, 1228.
Odeline, 1237 [1].
Adeline, 1243.

[1] Nous avons vu que l'*Abbesse* Odeline fut inhumée dans une riche tombe au milieu du chœur des religieuses de la Chaise-Dieu. Sur la pierre tumulaire on lisait

HIC JACET ODELINA DOMINA DE AQUILA FILIA COMITIS DE SANCTA SUZANNA.

Marguerite II, 1281.
Alis de Bordigny, 1293.
Agnès de Bordigny, 1299.
Guillelmine de Ménilpéan, 1349.
Péronnelle de Tailfer, 1369.
G. de Ménilpéan II, 1389.
Louise d'Illiers, 1444.
Jeanne le Jars, 1467.
Prejente de Blaye, 1476. (Réforme.)
Jacqueline Barchère, 1479.
Marguerite Desjardins, 1481.
Denise de Lomel, 1484.
Marguerite d'Autry, 1490.
Jeanne Sénéchal, 1499.
Jeanne Reine.
Guillelmine Thibaut, 1507.
Marie de Vabes, 1513.
Jeanne du Mont, 1514.
Renée des Barres, 1517.
Jacqueline Cormereau, 1520.
Marguerite de la Rozière, 1532.
Ambroise Thieuville, 1541.
Hélène de la Frelle, 1544.
Antoinette d'Estancon, 1565.
Marguerite Brunel, 1568.
Christine Croixmare, 1577.
Jeanne du Buc.
Anne Mailiard, 1589.
Renée des Essards, 1596.
Marie le Cornu, 1608.
Louise de Belleau, 1614.
François Le Sueur, 1620.
Anne de Beaulieu, 1626.
Anne Séguier, 1635.
Marguerite du Raut, 1644.
Marie de Laval, 1650.
Marie de Brétignières, 1657.
Geneviève de Percy, 1663.
M. de Lobelon des Essarts, 1672
Marie de Friardel, 1675.
Jeanne de Laval, 1681.
Jacqueline de Sabrevois, 1695.
R. de Lombelon des Essarts, 1696.
Hélène d'Osmont, 1699.
Françoise d'Habloville, 1702.
Marie de Veaupoteau, 1708.
Elisabeth le Cornu, 1714.
Angelique d'Osmont, 1717.

Nous pourrions donner ici les noms des religieuses de chœur depuis la réforme. Mais comme cette liste renferme plus de trois cents noms, nous nous contenterons de citer les plus connus dans la région.

Félicie Girard.
Adrienne d'Aché.
Marie de Beaumesnil.
Marie de Grobois,
Benoiste de Challange.
Charlotte de la Chaize.
Gabrielle de Cintray.
Jeanne Courtin.
Jeanne Corneille (tante du grand Corneille).
Suzanne de Montmorency.
Suzanne des Acres.
Christine de Croixmare.
Anoye de Dreux.
Michelle Guénée.
Michelle du Hamel.

Françoise d'Hellenvilliers.
Marie de la Haye.
Marie Hubert.
Renée de Lombelon des Essarts.
Lucrèce de Laufernat.
Renée des Barres.
Anne des Mares.
Catherine de Montigny.
Elisabeth de la Noë.
Marguerite d'Orville.
Marie d'Orléans.
Georgette Postel.
Renée du Plessis.
Marguerite de la Rozière.
Isabeau de la Rivière.
Catherine de Sainte-Marie.
Magdeleine le Sueur.
Charlotte de Saint-Denis.
Geneviève le Sec.
Barbe Sorel.
Guillemine Thibaut.
Renée du Val.
Benoiste de Vaux.
Jeanne Le Velu.
Anne Séguier.
Antoinette de la Roche.
Claire le Rossignol.
Charlotte Parent.
Marie Lambert.
Anne du Mouchet.
Denise de Lomel.
Anne Jouy.

Épitaphes provenant de la Chaise-Dieu. Les pierres où elles sont gravées servent de bordure au trottoir de l'hôtel du Cheval-Noir à Bourth.

... REPOSE SOUS CE TOMBEAU
LES CORPS DE TRÈS DEVOTES-ET R
DAMES-LA R MERE S MARG DE LA
ROZIERE QVI DECEDA LE 4 DE IVI LAN.
1571 AGEE D 78 ET DEMY APRÈS AVOIR
EXERCE LA CHARGE DE PRIEVRE DOVZE
ANS + ET DE SA PETITE NIEPSE LA TRES

CI-GIST DEV
OTE DAME
CHRISTINE
DE CROIMA
RE PRIEVRE
DE CEANS.
LA QVELLE
DECEDA LE
15 MAY 1583.

HAC DEUS ABS
OLVAT OFFENS
IS ABLAT IPSA (BI.)

CVLPIS : SIT
SVPERIS POST
PIA FATA-PLAGIS

CHAPITRE VI

BIENS ET CHARGES DU PRIEURÉ

I. Jean Avenelle. Sa vie. Son manuscrit. — II. Charges du prieuré.

I. — Jean Avenelle. Sa vie. Son manuscrit

Jean Avenel ou Avenelle, dont le manuscrit nous a fourni de si précieux renseignements sur le prieuré de Notre-Dame du Désert, naquit à Orbec dans le diocèse de Lisieux. Le P. Eudes le reçut dans sa congrégation en 1664. Après un court séjour à Caen il fut envoyé à Lisieux pour régenter la classe de cinquième et être sous-préfet des pensionnaires dont messire Doucet était préfet.

« Après avoir régenté la cinquième et la quatrième, il fut envoyé étudier à Caen en philosophie sous messire Vérel et, comme il n'avoit point fait de noviciat, il fut envoyé à Coutances le faire ; cette occasion luy donna lieu de pratiquer l'obéissance et la mortification de sa propre volonté à cause de la grande répugnance qu'il sentoit à l'exécution de cet ordre, mais qu'il surmonta courageusement : Y ayant passé quelque temps on l'envoya à Rouen pour être économe de la maison sous les messires de Bonnefont et de Sainte-Marie, d'où enfin il fut à Paris pour étudier en théologie en Sorbonne quelques années demeurant à Saint-Josse ; après quoy il vint au séminaire d'Evreux dont l'économie lui fut donnée l'an 1673, qu'il a gérée jusqu'en 1681, pendant le quel temps il a pris à tâche de connoistre les affaires du Prieuré du Désert réuni au dit séminaire, dont il a laissé un mémoire instructif, a retiré un acre de prey aliéné depuis longtemps et a aimé et servi la congrégation en général et cette maison en particulier autant qu'il a pu. Il étoit exact et ponctuel et pour son office qu'il ne manquait jamais de réciter à l'heure : sévère à ceux qui manquoient à leurs devoirs, sincère qui hayssoit le mensonge et la détraction [1]. »

Après huit mois d'une cruelle maladie pendant laquelle il eut à supporter d'atroces souffrances qu'il endura avec patience et résignation, Jean Avenelle mourut le 13 janvier 1684 à 3 heures après midi. Le manuscrit qu'il nous a laissé porte pour titre : « *Mémoires instructifs du noble fief du prieuré de Notre-Dame du Désert, sis dans la paroisse des Baux de Bretheuil, uny au séminaire épiscopal d'Evreux, divisez en trois parties 1684.* » Au-dessus le P. Eudiste avait écrit : « *Vive Jésus, vive Marie, je les aimeray toute ma vie. Amen. Fiat.* »

Ce travail débute par une dédicace à M. Blouet de Camille, supérieur de la congrégation de Jésus et Marie, qui « en le deschargeant d'employ l'a mis en mesme de pouvoir terminer son travail nonobstant toutes les contradictions qu'on y apportait d'autre part ».

Puis le bon Avenelle s'adresse au lecteur. « Monsieur,
« mon très cher frère, la divine Providence m'ayant
« chargé de l'économie de cette maison du séminaire
« d'Evreux le 1er may 1674 et m'ayant en même temps
« donné le soin de tout le temporel du noble fief du prieuré
« du Désert, je me suis appliqué à en connoistre le domaine
« en lisant exactement tous les papiers qui m'avoient été
« mis entre les mains, en cherchant soigneusement ceux
« qui n'étaient qu'indiqués par des mémoires des anciens

[1] *Archives de l'Eure*, G. 154. Registre contenant les biographies des supérieurs et autres frères Eudistes.

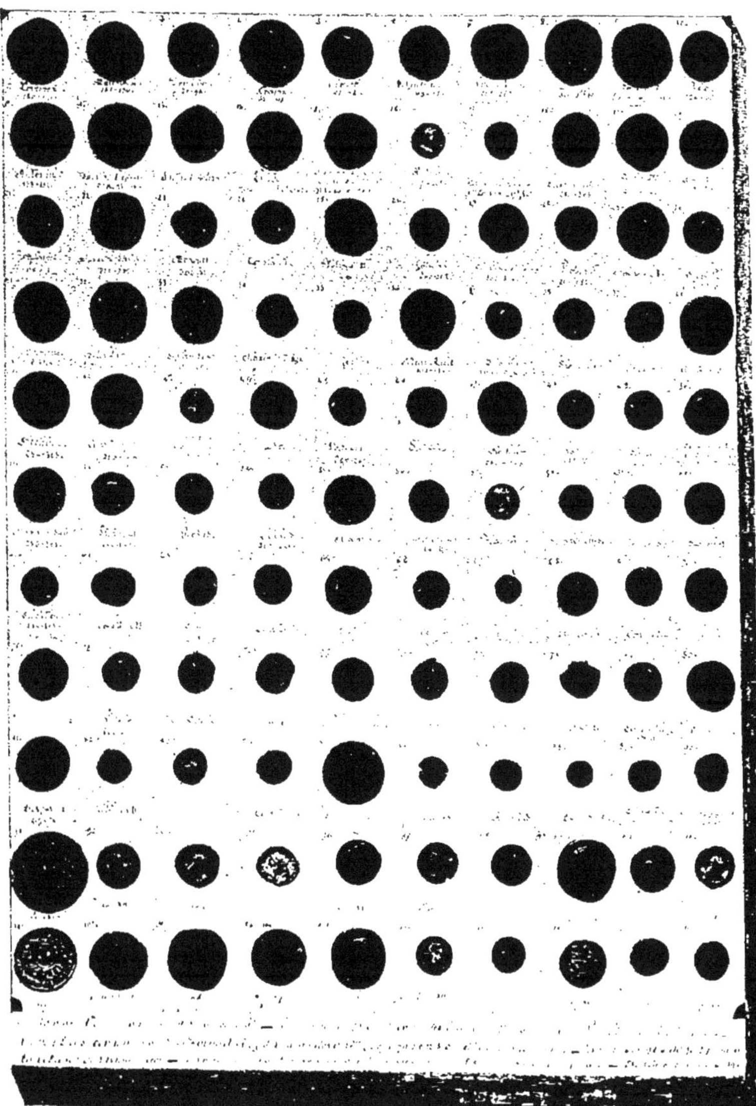

Les Médailles.

« Prieurs et en me faisant instruire des anciens vassaux « qui même m'ont aidé de plusieurs pièces que je n'avais « pas et cependant très advantageuses. De sorte que préci- « sément en ayant une particulière connoissance et la « mesme Providence qui m'avoit engagé à ceste charge m'en « ayant aussi dégagé, j'ay crû que je ne vous faisais pas « un petit plaisir si pour vous épargner autant de peines « que j'en ay eues pendant un long temps, je vous offrais « ce recueil qui contient en abrégé et le plus clairement « que j'ai pu toute la connoissance que j'en ay et, afin que « d'abord vous en ayez une grossière idée, je le divise en « trois parties, la première vous fera connoistre le domaine « non fieffé, la seconde ses aumosnes et la troisième le « domaine fieffé ou ses rentes seigneuriales et, afin que le « tout soit plus en ordre, je subdiviserai chaque partie en « chapitres et chaque chapitre en articles. Recevez le tout « de la mesme main que je vous le présente et excusant « toutes les fautes que vous y pourrez voir n'envisagés que « le désir que j'ay de vous marquer que je suis, etc., « S. A. Avenelle. »

Suivant sa promesse, Avenelle traite d'abord de l'enclos du Désert : « c'est la principale chose, le manoir seigneurial du fief noble, la source et l'origine de tout le reste renfermant la chapelle et le prieuré. » Il laisse dans l'ombre l'histoire de l'ermitage ; cependant il raconte que Mélaine, devenu plus tard évêque de Rennes, fit longtemps son séjour « dans cette sainte solitude ».

Après avoir reproduit les chartes des fondateurs, il établit une liste informe et très défectueuse des prieurs du Désert, et là, comme partout, il ne paraît nullement tenté de résoudre les problèmes qui naissent sous sa plume, se renfermant sans digression aucune dans son rôle d'écrivain utilitaire. S'il rencontre des points très obscurs il les signale pour écrire aussitôt : « Je m'en rapporte. Je laisse cela à plus sçavants que moi. » ou quelque phrase analogue.

Avenelle n'avait à s'inquiéter que du temporel du prieuré et là il fut tout à fait à la hauteur de sa tâche. Il eut l'œil partout et ne négligea rien. Il est probable qu'il était inflexible dans la défense de ses droits. Il étudie copieusement les droictures, franchises et libertés du prieuré spécialement dans la forêt de Breteuil et il nous initie en bon normand à l'histoire de plusieurs grands procès notamment à celui qui fut intenté à ce messire Martin Olivier, curé de Saint-Christophe des Baux, qui eut l'audace en 1580 d'attaquer le fermier du Désert « pour dire et déclarer les causes pour lesquelles Jean Chéron avait été refusant de luy payer ou à ses préposés les grosses et menues dixmes vertes et sèches pour l'année 1579 ».

Notre économe aborde ensuite la longue histoire des démêlés du prieuré avec MM. les officiers des eaux et forêts. A cette occasion, s'apercevant que quelques pièces lui manquent pour la défense de ses droits, il dit « combien il est fascheux que l'on n'ait pas conservé les actes de délivrance du bois et c'est ce qui fait la difficulté grande, car ne justifiant point ces actes on ne veut point nous escouter. De là on apprendra en passant combien il est important de retirer les pièces d'écriture et de les bien conserver ensuite ».

Dans la deuxième partie il traite des aumosnes, c'est-à-dire des rentes données à prendre sur des domaines, coutumes ou héritages ; enfin dans la troisième partie il passe en revue tout le domaine fieffé, savoir : 1° dans le quartier du Désert, le clos Johanne, la lande Morel, la petite lande et le chêne Régnier ; 2° dans le quartier du Boisernault, la Moinerie, la Noë courant, la Miesse potenaire, le ténement Fossard ou du Hie, le ténement Gallopin, les Montreux, la petite Oraille ; 3° dans le quartier de Rugles et Ambenay, la maison de la rue des forges, Lainesse de Launel, le haut prey, la prévòté de la Gastine ; 4° les trièges de Lyre, Glos, Neauphle et tout ce qui est rattaché à ces trois chefs. On peut concevoir l'utilité du travail d'Avenelle pour les anciens propriétaires du prieuré. Pour nous, il constitue simplement un inventaire curieux, dressé en 1864, dans lequel nous prenons les renseignements qui présentent un certain intérêt tout en laissant volontairement dans l'ombre la longue nomenclature des biens du fief devenue aujourd'hui sans intérêt.

On se souvient que « le bon Hugues, zellé pour l'honneur de son maître, fist bastir la chapelle une fois aussi grande qu'elle est présentement, ayant été depuis ruinée je ne sais par quel accident. Cela eut lieu sous le pontificat d'Innocent II, régnant alors en France le roy Louis, dit le Jeune, septième du nom ».

« Il y a apparence qu'il y avait en ce temps bon nombre de religieux et ermittes, car, outre que trois sortirent en une mesme fois pour aller commencer le monastère de Sainte-Barbe en Auge, c'est que le grand bastiment qui reste encore du prieuré et qui paroît avoir été basti du temps de la chapelle, le témoigne par sa grandeur et par le grand nombre qu'il y a de petites fenestres qui distinguaient les cellules des bons religieux[1]. »

« Quant à l'enclos il n'a pas été toujours aussi négligé comme il est présentement. Autrefois il étoit environné d'un bon mur de bauge dont les fondements se voyent encore aujourd'hui en plus d'un endroit à la place duquel on a fait faire un fossé dans la forest qui a été coupée les

[1] Il est probable que dans l'année 1214 il n'y avait au Désert que les religieux dont nous avons donné les noms. Mais leur nombre paraît avoir été supérieur, à l'origine et ultérieurement. Nous pensons qu'il a dû varier entre douze et vingt en nous basant sur le nombre probable des cellules.

années passées, pour ce que les officiers de Son Altesse nous y ont obligé et puis aussi pour empescher les bestes d'aller à la forest dans les temps défendus et aussy éviter les amendes. »

« Comme la plus part des arbres esbranchés qui sont venus dans la haie qui clôt ledit enclos du désert sont sur les ruines de l'ancien mur, il est constant que toute ladite haye nous appartient et quoique les officiers de Son Altesse prétendent que les plantes des fossés vers et le long de la forest appartiennent à Son Altesse, ce qui n'est pas encore jugé avec plusieurs autres particuliers qui en plaident et spécialement M. de Bellegarde, cependant nous avons droit de nous en défendre plus que les autres s'ils perdaient leurs procèz. »

« Le contenu de l'enclos suivant la mesure que j'en ay fait faire l'an 1679 est d'environ 64 acres y compris les haies et fossés qui l'environnent de toute part, il est borné, du costé de l'orient, de la rue de la Deslogerie qui va à la carrière ; de l'occident, de la rue des Vaurabourg ; du côté du septentrion, de la forest de Bretheuil et du côté du midy, de la Plesse et de ladite rue aux Vaurabourg tendant au chesne Régnier. »

« Cet enclos est quasi comme en rond et n'est sujet de souffrir aucun chemin que ceux dont on a besoin et qu'on veut bien ouvrir ou fermer selon qu'on le juge à propos pour la commodité des fermiers et, n'estoit qu'à cause de la chapelle il est impossible d'en bouscher toutes les avenues, on pourroit n'y en souffrir aucunes. »

« Il y a eu autrefois quatre portes ou entrées principales, la première étoit la porte des Baux où est présentement cette belle rangée d'entes que je fis planter en 1679. La seconde estoit celle qui estoit au bout de l'ancienne rangée et qui est présentement encore plus usitée ; la troisième est

Le Parc de Mme de Bonald.

celle qui est derrière la sablonnière et la quatriesme estoit vers M. du Saptel, laquelle on a bouschée avec celle de la porte des Baux que l'on rouvre néanmoins de temps en temps, et je croy qu'il seroit bien à propos de bouscher entièrement la troisiesme si on ne juge plus à propos de la conserver pour faire sortir les bestes avec moins de dommages pour aller à la forest ou ailleurs. »

« Outre ladite porte il y avoit encore une grande sortie pour du prieuré aller à la Plesse avec une double haie, l'on en a déjà fait déserter une, l'autre qui reste devroit aussy l'estre, tant elle est inutile parce qu'elle ne sépare pas les saisons de la terre pour laquelle seule raison on pourroit la conserver. »

« Il y en avoit aussi une pareille qui passoit par la mare aux chevaux qu'on a désertée il y a huit ou neuf ans et on a mis au mesme passage une rangée d'entes en l'année 1679 laquelle descendant vers le routoir se termine à la forest. »

« Le prieuré était autrefois bien planté et l'on m'a dit que de tout temps ça été un des meilleurs creus pour le sidre de tout le canton, avec le temps et moyennant la pépinière faicte dans le jardin en l'an 1675 et dont on enlève cette année 1681 en décembre, il y a lieu d'espérer qu'on le remestra en son premier estat. »

« La court du fermier se trouvant trop petite et les escuries et estables ayant été bruslées en 1677, cela nous donna lieu de les éloigner de la maison en les rebastissant où elles sont et en mesme temps d'agrandir la court de ce costé là par le fossé que nous y fismes faire avec sa plante l'année suivante.

« Vers la fin de l'année 1679 et le commencement de la suivante je fis faire ce grand fossé qui est derrière la grange pour agrandir aussy la court de ce costé là et fis planter la mesme année 1680 les poiriers qui remplissent cette place dans le dessein un jour de rompre l'ancienne haie qui est entre le dit fossé et la dite grange pour rendre la court plus régulière et commode... »

« Comme la cave voûtée de dessous le pressoir est très bonne il faut faire travailler à la voûte de la descente qui pourroit périr, faute d'un peu de réparation qui, à la suite, deviendrait sy grande qu'on ne voudroit plus l'entreprendre. »

La crypte que notre prosaïque économe désigne sous le nom de cave n'a jamais été réparée (janvier 1900) et est encore fort solide.

« L'ancien clocher menace ruine et ne vaut rien ; il y a péril à le laisser en l'estat où il est, à cause de la cloche qui est très grosse et pesante pour le lieu où elle est pendue. »

En 1771 on fit quelques réparations au clocher et on fondit sur place une nouvelle cloche ayant 56 centimètres de diamètre et qui porte en relief Notre-Dame du Désert avec un enfant Jésus tout nu et un Christ sur la croix. Les fondeurs Quentin et Aubert utilisèrent l'ancien bronze comme cela se faisait de temps immémorial. La cloche du Désert porte l'inscription suivante :

L'AN 1771 J'AI ÉTÉ NOMMÉE

MARIE-SUZANNE

—

QUENTIN ET AUBERT

FONDEURS

C'est la cloche actuelle, c'est ce même bronze sacré qui guida au milieu de la tempête le bon Fulbert, ermite de la plaine, c'est lui qui remplissait de ses notes joyeuses l'air embaumé de la Forêt au moment solennel où le comte de Leycester-Breteuil posant un missel sur l'autel remettait le noble fief du prieuré au bon serviteur de Dieu, Hugues du Désert, le 27 avril 1125, en présence des religieux, des seigneurs des environs et de Guillaume, curé doyen de Breteuil[1]!

Revenons au manuscrit d'Avenelle. « L'étang du Désert, scis au val de Lesme, est aussy ancien que le désert. Il est distant du prieuré d'environ un quart de lieue au soleil de dix ou onze heures et contient en son total la quantité d'environ huict acres et demy, bornés des deux côtés et bouts par la forest. Le chemin Perré qui va de Breteuil à Rugles anciennement le costoioit en partie du costé du village des Landes et alloit tout le long du fossé qui sépare les ventes et le chemin. Mais depuis que l'eau n'a plus esté conservée dans l'estang, la pelouse étant devenue plus douce que l'ancien chemin, cela a obligé les passants à quitter l'ancien chemin perré (Condé à Nudionum) et de faire un nouveau chemin dans ledit étang, ensuite de quoy le bois est venu dans l'ancien chemin. »

« Cet estang étoit autrefois en eau et remply de poisson et très abondant, mais par la suite des temps et le changement des prieurs il a esté négligé et laissé en l'estat qu'il est présentement, je veux dire en herbe et en pasture. »

« Il y a trente ans, dom Moreau le fist encore pescher. Il est de prudence de ceux qui nous succéderont de voir

[1] M. le Dr Mallebranche, de Bernay, qui a fait une étude spéciale des cloches a bien voulu nous donner les renseignements suivants : « Les fondeurs, travaillant sur place, employaient les anciennes cloches pour la construction des nouvelles. « de la sorte, dit M. Berthelé dans un article sur la fonte des cloches, on « était sûr de conserver l'ancienne cloche qui faisait partie du bien de la commu- « nauté, qui avait de la vertu contre le tonnerre, à laquelle on tenait. » Si on désirait une cloche plus grande ou égale, et c'était l'inverse qu'on recherchait dans notre prieuré, le fondeur ajoutait du métal pour suppléer au déchet de la fusion ou augmenter le volume de l'ancienne cloche. « Dans un alleu passé le 10 mai 1626 entre les marguilliers de Sainte-Croix de Bernay et un maître fondeur de Rouen, Pierre Buret, pour la refonte d'une cloche de cette église, on lit que le fondeur devait la prendre, *la refondre*, la remettre en place et fournir tout ce qui serait nécessaire, même le supplément du métal... »

lequel seroit le plus avantageux ou de le laisser en herbe ou de le remettre en eau. Il produit beaucoup d'herbes et bien bonnes et qui font un beurre excellent selon l'expérience que l'on en a. »

« Tout bien considéré, veu l'éloignement et le lieu où il est, veu le peu de soin que les fermiers en auroient et le péril d'estre souvent pesché de nuit par un nombre de frippons, veu aussi la dépense à le peupler et repeupler et la difficulté de le garder et d'en conserver la possession, je croy qu'il sera plus advantageux en herbe que en poisson... Cependant, c'estoit un des meilleurs estangs du pays et la pesche en estoit vendue de trois en trois ans 200 et 300 francs et j'ai appris depuis que pour peu de chose on pourroit le remettre en eau et cela romproit tous les chemins qu'on y fait présentement. »

II. — Les charges du prieuré

« Je ne sais si on peut trouver un bénéfice simple qui aye moins de charges que celuy-cy. Ce qui nous donne lieu d'admirer la libéralité de nos ancêtres qui est bien différente de celle des hommes de nos temps qui souvent imposent des charges très onéreuses et à perpétuité pour un peu de bien qu'ils font aux églises. »

« Le bon fondateur ny ses successeurs de la maison de Leycester n'ont jamais rien exigé des ermites du Désert pour le grand bien qu'ils leur ont faict comme il paroist par les chartres, ils sçavoient qu'ils donnoient à Dieu et à la bienheureuse vierge Marie du Désert et reconnaissoient assez leur libéralité pour ne pas vouloir exiger d'autres reconnaissances de leurs serviteurs. »

« Celuy qui donna trois sols à prendre sur le champ Bernier de Neauphle et vingt-deux deniers à prendre sur un

Une Confrérie de Charité.

prey d'Ambenay ne fut pas si libéral puisqu'il exigea qu'on fist l'anniversaire de ses parents et qu'on entretint une lampe à saint Nicolas comme il paroit par la charte : *Omnibus Christi fidelibus*... etc. »

« L'an 1277 dans une charte escripte au petit livre de basane folio verso 42, Jean de Boisrenault et Robert son fils demandèrent chacun un anniversaire pour environ onze sols de rente qu'ils donnèrent au prieuré. »

« L'an 1271, Roger Féguée demanda aussi un anniversaire pour cinq sols de rente qu'il donna à prendre sur un nommé Foinard de l'Oraille, comme il se voit folio 46 du mesme livre. Voilà ce que je connois par la lecture des papiers et des chartres du Désert de charges et de messes à dire par chacun an d'obligations marquées et exprimées dans lesdits escripts. Cela n'empêche pas que de tout temps les prieurs n'ayent été très reconnaissants vers leurs bienfaiteurs ne s'en tenant pas à cinq ou six messes par chacun an. »

« Outre ces messes des fondateurs l'on en dit encore chaque semaine une messe pour la *Confrérie de Sainte-Suzanne* que le chapelain est chargé de célébrer à raison de quoy il a toutes les oblations des confrères et sœurs. »

Nous savons qu'une confrérie religieuse est une association de laïques se rassemblant volontairement d'après des statuts pour se livrer à des pratiques pieuses.

Les confréries ont leur origine dans le paganisme (*sodalitates*) ; leur nombre devint considérable au moyen âge. Munies de l'autorisation épiscopale qui leur était indispensable, ces associations furent placées sous la surveillance des parlements. La loi du 18 août 1792 les abolit, mais elles ne tardèrent pas à reparaître comme d'ailleurs les corporations avec lesquelles il ne faut pas les confondre. Chaque corporation de métier était unie à une confrérie ; l'une analogue à nos syndicats, veillait aux intérêts matériels des ouvriers et des marchands, l'autre à leurs intérêts spirituels.

Le chef élu d'une confrérie possède le bâton insigne du

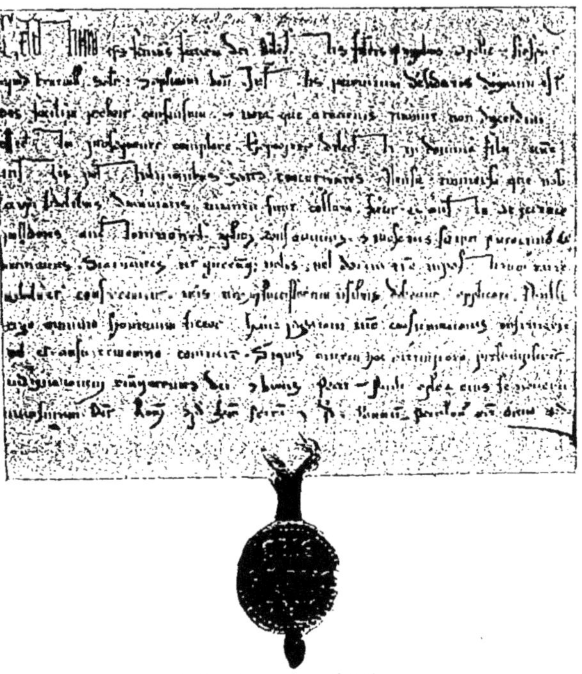

Bulle du pape Célestin.

commandement. Chez les Hébreux, chez les Grecs et chez les Romains le bâton eut toujours la même signification. A Rome le bâton des consuls était en ivoire, celui des questeurs était en or.: le cep des centurions était aussi une variété de bâton. Le bâton d'abbé en potence le Tau était la forme primitive du bâton pastoral. Après le XIe siècle les évêques d'occident adoptèrent la crosse actuelle. Les confréries de charité, analogues dans leur objet aux *collegia tenuiorum* de Rome sont aussi des confréries répandues dans les diocèses de Séez, Evreux, Rouen et Lisieux qui ont conservé les pit-

toresques costumes du XIIIe et du XIVe siècle ; elles ont leur bâton. Il existe des paroisses comme par exemple Aubevoye (Eure) où il y a trois bâtons, un pour les frères de charité, un pour l'association des dames, un pour les enfants de Marie.

La confrérie de Sainte-Suzanne, très ancienne, possède un bâton de forme étrange ; elle avait sans aucun doute jadis une importance considérable, car « l'an 1677 pour entretenir la dévotion à sainte Suzanne l'on obtint de notre saint-père le pape Innocent onzième une bulle d'indulgence à perpétuité pour les confrères et sœurs de la confrairie qui estoit déjà établie ; et elle fut approuvée le 14 juillet de la mesme année ».

Malgré d'actives recherches, il nous a été impossible de retrouver la bulle d'Innocent XI, nous aurions été heureux de la mettre sous les yeux du lecteur. A titre de dédommagement nous reproduisons ici un bref beaucoup plus ancien, puisqu'il est daté de 1192, par lequel le pape Célestin III confirme les donations faites aux pauvres de l'Hôtel-Dieu de Breteuil.

TROISIÈME PARTIE

LA CHAPELLE

1675-1901

CHAPITRE VII

PENDANT LA TOURMENTE

I. Le prieuré de Notre-Dame du Désert, maison de probation des Eudistes. — II. La Révolution française dans nos contrées. — III. Inventaire du mobilier de la chapelle. Vente de la ferme et de la chapelle. — IV. Le chapelain Louvet de la Rivière.

I. — Le prieuré de Notre-Dame du Désert, maison de probation des Eudistes

Nous avons vu le prieuré passer avec le consentement, péniblement obtenu, de l'abbaye de Lyre dans le domaine du séminaire en création à Evreux. Cette translation s'accompagna de circonstances intéressantes dont nous avons trouvé la narration dans les annales des R. P. Eudistes; M. l'abbé Langlois, le savant aumônier des religieuses de la Providence, ayant bien voulu nous autoriser à nous présenter sous son égide au T. R. P. Le Doré, supérieur général de l'ordre, noble et digne successeur du vénérable fondateur le Père Jean Eudes[1]. L'importance de ces documents nous engage à les reproduire en entier.

[1] Le T. R. P. Le Doré que nous ne saurions trop remercier pour la bienveillance qu'il nous a témoignée, nous a autorisé à reproduire les deux photographies du père Eudes que l'on a pu voir au chapitre VI.

Livre VII, ch. I, § 6, p. 492.

« Celui qui prit le plus de part après M. de Maupas à cette bonne œuvre (assurer la prospérité de la maison naissante du séminaire d'Évreux) fut Jacques Le Doulx de Melleville, haut doyen de l'Église d'Évreux, prieur de Notre-Dame du Désert, aumônier ordinaire du roi, originaire d'une famille illustre par sa naissance et ses emplois que le Père Eudes avait gagné à Dieu un an auparavant dans sa mission d'Évreux, car il s'en déclara le fondateur par un acte du 9 et 10 de janvier 1668. »

« Ce fut l'exécution de la déclaration qu'il en avait faite au séminaire à la sortie du dîner qu'il y avait pris avec notre prélat, car on rapporte que sortant de la chapelle après l'action de grâce selon la coutume, il prit un paquet de clefs qu'il tira de sa poche et dit en présence de M. de Maupas et du père Eudes : « Je donne au séminaire tout ce qui est renfermé sous ces clefs » et que le prélat répondant sur le même ton à un compliment qui ne pouvait que lui être très agréable ajouta : « Et moi je vous donne dès ce moment la qualité de fondateur de mon séminaire. »

Le Père Eudes ne voulut garder que très peu de temps le titre de prieur du Désert, il le résigna à Léonor de Bethon ainsi que nous l'avons vu ailleurs.

Au livre VIII, ch. II, § 9, nous lisons :

Ce prieuré [Notre-Dame du Désert] porte aussi le titre de Sainte-Suzanne à raison de la dévotion spéciale avec laquelle les fidèles y viennent réclamer les secours de cette illustre sainte et martyre et est situé dans le canton de la forêt de Breteuil qui dépend de la paroisse des Baux et est aujourd'hui un membre de l'abbaye de Lire de l'ordre de Saint-Benoît l'un et l'autre du diocèse d'Évreux. Ce lieu qui n'était dans l'origine qu'un simple ermitage servit de retraite à un bon solitaire nommé Vital recommandable par la sainteté de sa vie *lequel pourrait bien être le fameux instituteur de l'Abbaye de Savigny fondée dans le diocèse d'Avranches en 1112, qui fut unie depuis et incorporée à l'ordre de Cîteaux avec toutes les maisons qui en dépendaient*... Ceux qui ont jeté les fondements de la vie érémitique en France changeaient souvent de demeure avant de se fixer particulièrement dans un lieu (cette observation peut s'appliquer à Melanius).

Au livre VIII, p. 615 :

Il y avait sept ans que la probation (maison de noviciat des Eudistes) avait été transférée du séminaire de Coutances à celui de Caen lors-

qu'on délibéra de la transporter ailleurs; la raison qu'on eut de le faire fut le peu de liberté qu'avaient nos jeunes confrères de vaquer à leurs exercices de piété... On chercha un lieu où ils fussent plus retirés du commerce du monde et on crut le trouver dans le prieuré du Désert qui est situé dans une forêt à sept lieues d'Évreux. Mais on tomba d'une extrémité dans une autre, ce lieu étant si solitaire et si éloigné des autres où on aurait dû chercher les provisions qu'on n'y pouvait subsister qu'avec une très grande dépense. Aussi on n'y passa que trois mois, c'est-à-dire depuis le commencement du mois d'avril de l'année 1678 jusqu'au 1er jour de juillet qu'on transféra la communauté à la terre de Launay où l'on trouva la solitude qui lui convenait sans y rencontrer les obstacles du Désert, ce lieu n'étant éloigné que d'une demi-lieue de Périers et assez voisin du séminaire de Coutances pour en tirer tous les secours qu'on pourrait désirer.

Revenons au prieuré desservi jusqu'à la Révolution par les chapelains eudistes envoyés par les supérieurs du séminaire. Nous allons voir que cette période si funeste aux institutions religieuses a été le point de départ de la restauration de cette fondation vénérable.

II. — La Révolution française dans nos contrées

Lorsque le roi Louis XVI se décida à « appeler au secours de la France la France elle-même », un immense cri de joie s'éleva dans les campagnes. Le 25 février 1789, le lieutenant de Breteuil écrivait au garde des sceaux : « Je ne dois pas vous dissimuler que tout le monde voit avec plaisir la proximité des états généraux. »

Toutes les associations communales envoyaient leurs cahiers de *plaintes* et de *doléances*, de *désirs* et de *remontrances*. Ces cahiers furent fondus en un seul au bailliage secondaire de Breteuil et ce cahier réuni à ceux de Conches, de Beaumont-le-Roger, d'Ézy, de Nonancourt, d'Orbec et d'Orbec-Bernay, servit à l'établissement du cahier du grand bailliage d'Evreux [1].

[1] Voir : *Notices historiques sur la révolution dans l'Eure*, par L. Boivin-Champeaux, premier avocat général à la cour de Caen. Hérissey, Évreux, 1868.

Mais en recensant les vœux des cahiers il apparaît que ni le clergé, ni le Tiers, ni la noblesse n'apportaient un programme d'ensemble pouvant servir de point de départ à une action politique définie [1].

Les trois ordres semblaient approuver le fameux rapport de Necker, qui est en somme la première esquisse d'une constitution apportée dans un pays qui, s'en étant toujours passé, en a fait dans le siècle suivant une consommation plus que suffisante.

Le 17 juin les états se constituent en assemblée nationale ; les campagnes vont se municipalisant tandis que bon nombre de Français, répudiant la patrie telle que l'avait créée la Révolution, passent à l'étranger. Mais, chose singulière, ce ne fut pas l'émigration qui brouilla le roi avec la Révolution, mais bien cette malheureuse question religieuse, connue sous le nom de constitution civile du clergé. Louis XVI, dit M. Lavisse, presque seul dans son entourage, était croyant et pieux, c'était un des rares Français de marque à qui la philosophie du siècle avait laissé toute sa foi.

Il ne put approuver qu'à contre-cœur une constitution qui faisait nommer les curés et les évêques par les citoyens actifs. Rome parla et, quand Rome a parlé, un chrétien, fût-il roi, doit se taire. Les évêques suivirent le pape et les prêtres les plus épris de libéralisme, ceux qui avaient épousé avec ardeur les idées nouvelles furent rejetés malgré eux dans la contre-révolution. Aujourd'hui, avec le recul d'un siècle, la constitution civile du clergé apparaît aux historiens comme une mesure imprudente, chimérique, néfaste et criminelle, d'ailleurs parfaitement inutile !

L'abbé Parisot de Durand, curé-doyen de Breteuil, refusa

[1] Voir : *Notes sur l'histoire de Breteuil.*

le serment « qui n'est propre qu'à alarmer les consciences, qui est contraire aux dogmes de la foi et à la parole de Jésus-Christ et qui d'ailleurs est inutile à la constitution ».

Notre contrée fut le théâtre de graves désordres amenés par la misère générale. Les salaires manquaient : toutes les constructions sur le domaine ecclésiastique confisqué étaient suspendues ; les travaux d'utilité publique languissaient. L'émigration paralysait l'industrie. La monnaie s'enfouissait fuyant devant les billets de confiance, car la mauvaise monnaie chasse toujours la bonne. Le prix du blé s'élevait sans cesse.

Au début de 1792 des désordres se produisirent à Noyon et à la Barre. A Breteuil, le 20 février, un attroupement considérable occupa la ville sous les ordres de Jacques Duval qui annonça son intention de taxer les blés sans s'inquiéter autrement de la loi.

On convint avec les cultivateurs que le froment serait vendu 23 livres ; le champart, 21 livres et le méteil, 18. Ces prix furent proclamés. Un nommé Labroutil ayant vendu à prix débattu se vit entouré par la foule et allait être massacré si le maire, M. Le Vacher de Perla, ne lui eût sauvé la vie en se précipitant entre lui et les furieux.

Le 3 mars on taxa les fers à Conches. Les gens des Baux, de Sainte-Marguerite, de Guernanville passèrent par Breteuil, firent rendre la liberté à six détenus qui avaient été incarcérés la nuit précédente par les gardes de M. de Bouillon pour délits commis dans les bois, et exigèrent que le prix du fer sortant des usines de M. d'Urclé fût réduit à 20 livres le quintal en barres et 22 livres en verges ; des menaces d'incendie étaient proférées et les insurgés, sans autre forme de procès, mettaient en prison ceux qui refusaient de marcher avec eux. Evreux devait être attaqué le 10 mars. L'arrivée de 250 gardes nationaux vint paralyser ce brigandage d'un nouveau genre. Les émeutiers furent poursuivis et acquittés.

III. — Inventaire du mobilier de la chapelle. Vente de la ferme et de la chapelle

La confiscation des biens ecclésiastiques amena la vente de l'enclos du Désert et de l'antique chapelle.

« Extrait du registre des adjudications des biens nationaux. Vente de la terre et ferme de Sainte-Suzanne : L'an 1792, le dix-neuvième jour d'octobre, l'an I de la République, nous Michel Carillon président, Alexandre-Gabriel Renard, Jean Petit et Jacques-François Vaurabourg, administrateurs du directoire du district de Verneuil, avons fait crier et proclamer aux fins de l'adjudication la terre et ferme de Sainte-Suzanne, paroisse des Baux de Breteuil, consistant en maison de fermier, écurie, vacherie, pressoir et autres bâtiments servant à divers usages ; cours, masures, terres labourables au nombre de 70 acres ou environ ; ensemble un pré sis sur la rive de Risle, paroisse d'Ambenay, le tout ci-devant dépendant de la congrégation des Eudistes d'Evreux, autant et pour autant qu'en jouit le nommé Bertout aux réserves ci-après expliquées, fermier actuel de ladite ferme, évaluée suivant le prix du bail à la somme de 42 020 livres, avec tous les droits, droictures et servitudes tant actifs que passifs qui pourraient être et se trouver appartenir à ladite ferme successivement portée et enchérie à la somme de.....

Charges particulières et réserves :

Demeurent exceptés de la présente adjudication le logement et jardin dépendant de la chapelle de Sainte-Suzanne desservie par le citoyen Louvet prestre, lequel jardin est séparé par une haye vive en charmille dont les Eudistes

Le bas-relief de l'Hôtel de Ville de Breteuil.

jouissaient d'une portion qui demeure également réservée.

L'adjudicataire sera tenu de souffrir sur le terrain aliéné le droit de tour d'échelle utile pour les réparations des bâtiments dépendant de ladite chapelle ainsi que le droit de passage et charroi par-dessus celui de la cour de ladite ferme de manière que le desservant puisse avoir la liberté d'aller puiser de l'eau au puits qui a toujours été commun entre le ci-devant prieuré et le fermier, et un accès libre pour rentrer son bois de chauffage et ses boissons.

Pour accéder facilement à la chapelle en dehors de l'enceinte de la cour, il est expressément réservé un petit terrain vain et vague sur lequel sont complantés plusieurs pieds de charmes, situés devant et à côté de l'entrée de ladite chapelle. »

La ferme fut adjugée à Jean-Louis Le Vacher.

La vente de la chapelle nous intéresse au plus haut degré en ce qu'elle établit l'état des lieux en 1795. Pour se rendre compte du chemin parcouru depuis dans la *restitutio in integrum* de l'antique église de Hugues du Désert, il suffira de se rapporter à l'article de M. Raymond Bordeaux publié en 1858.

VENTE DE LA CHAPELLE DE SAINTE-SUZANNE

CANTON DE BRETEUIL
BAUX
N° 385
Citoyen acquéreur
Prosper-Isidore
LE VACHER

« Nous, administrateurs du département de l'Eure, au nom de la République française, en vertu de la loi du 28 ventôse dernier, avons, par les présentes, vendu et délaissé au citoyen Prosper-Isidore Le Vacher, une maison et chapelle dite de Sainte-Suzanne avec jardin et petit terrain rempli d'arbres situé devant l'église, viron 36 perches.

« Désignation de cette chapelle le 18 brumaire an IV de la République française.

« Savoir :

« Une maison construite en matière étant de longueur de

60 pieds, de largeur de 21 pieds; la hauteur, 18 pieds du rez-de-chaussée à la sablière, environ de 16 à 18 pieds, de la sablière au feste ; couvert de tuiles et bardeaux et composée d'une cuisine, un petit salon froid à costé, plus un cellier, le tout au rez-de-chaussée et l'étage supérieur composé de trois chambres et deux cabinets dont deux seulement à feu.

« Un jardin de viron 30 perches.

« La chapelle construite en muraille de pierre à grisons *de 36 pieds* de longueur et 20 *de large et 20 pieds de hauteur* en murailles et couverte en tuiles et un petit terrain en avant et à costé de ladite chapelle servant à y accéder, enclos de charmes contenant viron 5 à 6 perches. *Lesdits bâtiments en mauvais état de couverture ainsi que la chapelle. Les murailles, disjointes dans beaucoup de leurs parties fondamentales, étant dégradées.* »

Nous reproduisons ici l'inventaire du mobilier de la chapelle, laissé sous la garde de la municipalité et mis à la disposition de la nation. Le citoyen prêtre Louvet en acheta une partie avec promesse de le rendre à la chapelle à sa mort si on le laissait tranquille, il s'engagea même à laisser à ladite chapelle un ciboire en argent qu'il savait pouvoir acheter à ses frais sous peu.

« Nous, administrateurs révolutionnaires du district de Verneuil, après avoir inventorié aux Baux, nous sommes transportés à la succursale de Sainte-Suzanne où ont été trouvés :

« 1° Un calice, un soleil, un ciboire, deux petites custodes dont une sans que (*sic*), le tout en argent du poids de deux livres trois onces et demi.

« 2° Huit chasubles, quatre étoles, un devant d'autel et deux couvertures d'autel, un missel, deux mauvais antiphonaires et un rituel.

« 3° Dix chandeliers en bois, un pupitre, un confessionnal, trois bancs à dossier, douze bancelles, un prie-Dieu, un tabernacle, trois autels, une tribune, une commode à deux battants, un lutrin et la balustrade du chœur, le tout en bois.

« 4° Un bénitier, une petite boite à huile en étain, une burette, un encensoir, le tout en cuivre.

« 5° Quatre ceintures dites purificatoires, trois corporaux, deux aubes et trois amiets.

« En foi de quoi nous avons laissé lesdits objets ventoriés sous la garde de la municipalité et nous sommes demeurés d'accord que nous avertirions du jour où nous pourrons nous réunir pour la confection des comptes de la ci-devant fabrique de la commune des Baux.

« Collationné le présent écrit conforme à l'original,

« Par moi Jean-Baptiste Bonneval secrétaire de la municipalité des Baux de Breteuil.

« Fait le 29 prairial l'an II de la République française une et indivisible. »

La chapelle et le prieuré étaient désormais sauvés, passés dans des mains chrétiennes, ils avaient échappé au marteau du démolisseur ; bien mieux encore, ils allaient peu à peu retrouver leur ancienne étendue et s'enrichir des gracieuses ornementations de l'art moderne.

IV. — Le chapelain Louvet de la Rivière

Le 17 août 1780, Mgr de Narbonne, évêque d'Évreux, résidant à Versailles, adressa à l'abbé Louvet la lettre suivante :

« Monsieur,

« Pouvant faire desservir la place que vous occupez dans mon petit séminaire par des diacres indigents qui ne peuvent, vu la médiocrité de leur fortune, faire face à leur pension, je vous destine la chapelle de Sainte-Suzanne vacante ; *elle n'est point à titre,* mais je crois que votre position vous (deux mots illisibles) et vous serez tranquille : mais je vous observerai que dans cette chapelle vous ne faites ni eau bénite, ni pain bénit, ni ne chanterez la grande messe ; vous ne direz point la vôtre pendant l'office paroissial et ne ferez faire les Pâques à aucun paroissien. Je vous ferai cependant délivrer des pouvoirs *de consensu superiorum locorum.*

« Versailles, 17 août 1780.

Signé : « F. Évêque d'Évreux[1]. »

Il est à remarquer que l'étendue des pouvoirs du chape-

[1] Papiers de la famille Paul Le Vacher d'Urclé.

lain avait été réglée antérieurement par M. de Maupas ainsi que l'établit la lettre ci-dessous.

« Henri de Maupas de Tours, par la grâce de Dieu et du Saint-Siège apostolique salut et bénédiction.

« Après avoir lu les chartes de la fondation de l'église du prieuré de Notre-Dame du Désert actuellement appelée Sainte-Suzanne par les comtes de Leycester, seigneurs de Breteuil en 1125, contenant les droits d'immunité et d'exemption accordés par lesdits comtes aux prieurs et la confirmation de ces droits d'immunité donnés ensuite par le roi d'Angleterre en l'an 1130 dont s'ensuivent les termes..... Vu que le territoire du prieuré et la chapelle de Saint-Nicolas du Bois dépendant d'ycelui a été exempt de toute espèce de dixmes.

« Nous :

« Pour empêcher les procès qui pourraient un jour naître entre les prieurs dudit lieu et les curez sur la paroisse desquels sont situés le prieuré et la chapelle sur le sujet des dixmes domestiques que pourraient demander lesdits curez pour l'administration de la communion paschale, des derniers sacrements et de la sépulture... avons réglé et ordonné que, autant de temps que ledit prieuré de Sainte-Suzanne et la chapelle de Saint-Nicolas du Bois dépendante d'ycelui demeureront en la possession des prêtres de notre séminaire épiscopal, les prêtres ou autres ecclésiastiques demeurant actuellement dans lesdits prieurés et chapelles, pareillement leurs serviteurs domestiques et les fermiers mêmes qui demeureront en effet dans ledit lieu et feront valoir les fermes d'iceulx, pourront recevoir le sacrement de pénitence et la communion paschale comme aussi les derniers sacrements du saint viatique et l'extrême onction sans qu'ils soient obligés d'en donner aucun avis auxdits curez, ni de leur payer aucuns droits et salaires, et pour la sépulture en cas de mort accordons pareillement qu'ils pourront être enterrés dans ladite chapelle ou lieu adjacent, pourvu qu'il soit béni par nous authorisé. Même pour les fermiers ou serviteurs, s'ils viennent à se marier ou avoir des enfants pendant le temps qu'ils demeureront dans lesdites fermes, nous entendons qu'ils iront à leur église paroissiale et qu'ils recevront les sacrements de baptême, de mariage et autres choses résultant desdits sacrements de la main de leurs curés ou de quelque autre prêtre avec leur consentement, n'accordant que la réception desdits sacrements de confession, d'Eucharistie, viatique, extrême-onction et sépulture pouvoir être faite dans ce prieuré pour ceux qui y seraient résidans et desservants. Et en cas qu'il y mourût quelque passant pèlerin ou étranger, il pourrait recevoir les derniers sacrements des prêtres habitant ledit prieuré, mais leurs corps seront remis entre les mains du curé du lieu ou du moins on lui payera le droit de la sépulture tel qu'on aura eu coutume de le payer pour quelqu'un de ses paroissiens ».

« 14 avril 1672.

Signé : « HENRI, évêque d'Évreux. »

et plus bas, « par le commandement de monseigneur,

Signé : « SIMON », avec parafe.

La municipalité des Baux, et *il s'agit de la municipalité de 1791*, aurait vivement désiré que le chapelain de Sainte-Suzanne possédât le pouvoir d'administrer le baptême, aussi adressa-t-elle au directoire du district la lettre suivante que M. Veuclin de Mesnil-sur-l'Estrée, correspondant du comité des Beaux-Arts au ministère de l'Instruction publique nous a communiquée.

« Le 4 novembre 1791, la municipalité des Baux de Breteuil expose que la commune se compose de 18 villages fort écartés de l'église formant 1600 âmes dont 400 au village de Sainte-Suzanne connu sous le nom de Notre-Dame du Désert. Ce prieuré ou chapelle est desservi de tout temps par un prêtre *qui y dit la messe tous les jours* et y confesse, mais ne peut administrer le sacrement de baptême parce qu'il n'y a point de fonts baptismaux. La municipalité demande donc que cette chapelle soit érigée en église succursale, munie de fonts baptismaux et d'un cimetière. »

Le directoire du district donna un avis favorable[1].

Le chapelain Louvet continua à remplir ses fonctions qu'il devait conserver pendant trente-cinq ans, célébrant sans aucune interruption, tous les jours de l'année, le saint sacrifice de la messe. Il est à noter qu'il n'avait pas prêté le serment à la constitution civile du clergé et même qu'il n'avait pas été mis en demeure de le prêter ou de le refuser.

[1] *Arch. départementales de l'Eure.* Registre du directoire de Verneuil.

Il semble qu'un tel homme, son caractère eût-il laissé quelque chose à désirer comme l'ont prétendu certains curés des Baux de Breteuil, eût dû être à l'abri des vertes réprimandes de ses supérieurs ; il n'en fut rien [1]. A son époque, avant lui, après lui, dans tous les pays chrétiens, dans tous les pèlerinages, quand dix mille personnes et davantage se réunissent sur le même point, qu'il soit en Normandie ou en Bretagne, qu'il se nomme le Désert, les Tourailles ou Sainte-Anne d'Auray, on n'empêchera jamais les marchands forains de se trouver eux aussi au rendez-vous en compagnie des chevaux de bois, des débitants, des marchands de comestibles, des bouchers, des charcutiers, des limonadiers, des directeurs de cirques assez primitifs. On pourra même rencontrer non loin un hercule marseillais et quelque femme géante. En vérité, je vous le demande, qui cela peut-il gêner ? On parle de débauche, le mot est peut-être un peu gros, car s'il est un fait incontestable c'est que les pèlerins vont à Sainte-Suzanne en famille. Enfin si tous les prêtres de la contrée tenaient à honneur de conduire eux-mêmes leurs paroissiens processionnellement, s'ils se montraient davantage une fois l'office terminé, ce serait peut-être le meilleur moyen pour augmenter dans ces grandes assemblées populaires la part qui revient à Dieu et pour réduire à rien la part du diable. Nous reproduisons ici la lettre épiscopale adressée à l'abbé Louvet [2].

« Evreux, le 11 thermidor an II.

« Monsieur l'Évêque, Monsieur, me charge de vous faire connaître ses intentions relativement au desservice de la chapelle de Sainte-Suzanne qui vous est confiée depuis un bien long temps. Instruit des abus qui se multiplient à l'occasion de ce pèlerinage qui ne devait

[1] Papiers de la famille de M. Paul Le Vacher d'Urclé.

[2] *Si parva licet componere magnis.* Saint Paul n'hésita pas à vivre à Antioche

La fête foraine de Sainte-Suzanne.

être qu'un objet de piété et de dévotion et n'en est pas moins devenu un de débauche et de divertissement.

« Sa volonté, pour y remédier autant qu'il est en lui, est que les dimanches et festes vous n'y disiez la messe que dès le matin; c'est-à-dire qu'il n'en soit pas commencé aucune après 7 heures et demie. Il vous charge aussi de veiller avec la plus grande exactitude à ce qu'il ne se passe rien d'indécent autour de cette chapelle, vous prévenant que, au cas où les mêmes abus continueraient, il l'interdirait aussitôt qu'il aurait connaissance et pour toujours.

« Le zèle que vous devez avoir pour la religion est bien suffisant sans doute pour vous engager à ne rien négliger de ce qui est en vous pour répondre aux visées de notre premier supérieur. Mais vous sentirez en outre combien votre intérêt personnel serait compromis si, par une indifférence bien coupable, vous vous exposiez à des reproches *qu'on pourrait peut-être déjà vous faire avec fondement.*

« Veuillez bien croire aux sentiments avec lesquels je suis bien véritablement, Monsieur, votre très humble et très obéissant serviteur.

« DELANGLE DE DARDEZ, *vicaire général.* »

Au dos est écrit « A M. Louvet de la Rivière, chapelain de Sainte-Suzanne près Rugles, à Sainte-Suzanne. »

Les relations de l'abbé Louvet avec le nouveau propriétaire du prieuré furent excellentes et, le calme reparu, il put encore, pendant bien des années, entourer de ses soins pieux la chère chapelle qui lui avait été confiée ; puis le poids des ans devint plus lourd et, le 3 février 1815, M. de Valmont, maire des Baux de Breteuil, informa M. d'Urclé que l'abbé Louvet était malade. Le digne chapelain mourut deux mois après, 28 avril 1815. Nous reproduisons son acte de décès.

« L'an 1815, le 29 avril à 8 heures du matin, par-devant nous Henri Frédéric de Valmont maire, officier de l'état civil de la commune des Baux de Breteuil (Eure), sont comparus les sieurs J.-B. Bonneval et Charles Chéron, propriétaires, demeurant en cette commune, ayant l'âge requis par la loi, lesquels nous ont déclaré que le sieur Jacques-Pierre Louvet, desservant à Sainte-Suzanne, âgé de soixante-cinq ans, né à Chambray, est décédé d'hier 6 heures du soir dans son domicile situé en cette commune audit lieu de Sainte-Suzanne, pourquoi d'après cette déclaration nous avons rédigé acte que les déclarants ont signé avec nous.

« DE VALMONT, CHÉRON, BONNEVAL. »

Aussitôt M. Le Vacher d'Urclé songea à donner un successeur au chapelain Louvet et il écrivit à Mgr l'évêque de nombreuses lettres à cet effet. Nous en reproduisons les passages les plus importants.

« MONSEIGNEUR,

« Je me suis trouvé depuis environ vingt ans propriétaire d'une chapelle et de ses dépendances située sur la paroisse des Baux de Breteuil.

« Il y avait un ancien prieur, M. Louvet, que j'ai laissé jouir de cette chapelle et de ses dépendances comme il en avait joui avant la révolution. Ce prieur vient de décéder et M. le curé de Breteuil m'ayant demandé que M. son frère succédât à M. le prieur, je n'ai pas cru devoir changer mes dispositions relativement à cette chapelle et je la lui ai promise dans le cas cependant où vous consentiriez que la messe y fût dite ainsi que les évangiles comme par le passé et qu'elle restât journellement ouverte à la dévotion des pèlerins...

« J'ai l'honneur d'être avec un profond respect,

« Monseigneur,

« Votre très humble et obéissant serviteur.

« LE VACHER D'URCLÉ. »

« Breteuil 11 mai 1815. »

« MONSEIGNEUR,

« J'ai acquis cette chapelle pendant la révolution parce que je savais qu'une autre personne se proposait de la soumettre et de la détruire. J'ai laissé jouir de cette chapelle jusqu'à son décès, c'est-à-dire jusqu'en 1815, le même ecclésiastique qui la desservait bien avant la Révolution et qui était alors connu sous le nom de prieur de Sainte-Suzanne. *Cet ecclésiastique a toujours célébré la messe dans cette chapelle sans aucun trouble pendant même les instants les plus sinistres de la révolution et cette chapelle est peut-être la seule du département et même de la France où le service divin n'ait jamais été interrompu...*

« 29 octobre 1822. »

« LE VACHER D'URCLÉ. »

Mgr d'Évreux, vu la rareté des vocations ecclésiastiques et des prêtres, ne put à son très grand regret donner satisfaction aux désirs de M. Le Vacher d'Urclé, ni lui faire une promesse pour un temps plus éloigné. MM. les curés des Baux remplacèrent les chapelains de Notre-Dame du Désert[1].

[1] Nous aurions désiré reproduire ici la liste complète des curés de Saint-Christophe des Baux depuis la fondation de cette paroisse. Nous ne pouvons à notre regret que citer les noms suivants :

Martin, 1253.
J. Rebours, 1495.
Jean le Maignar, docteur en théologie, 1501.
Guillaume Adoubard.
Gilles Tabarge, 1532.
Iverneau.
Adrien de L'Estandart.
Jean Duval, 1577.
Pierre Johenneau, 1519.
Marin Olivier.
Guignefort Duval.
Nicolas Vereuil.
Christophe Dupuis, 1614.
Louis Damouville.
Henri Leblanc, 1668.
Jean Morieult.
Gabriel Lepage. 1681.
Esnault, 1809-1829.
Marnière, 1829-1832.
Oury, 1832-1875.
Binage par l'abbé Letellier, 1875-1876.
Patin, 1876 1887.
Moulin Hippolyte-Eugène, 30 octobre 1887. Mainteneur des Jeux floraux.

CHAPITRE VIII

PAUL-LOUIS-FÉLIX LE VACHER D'URCLÉ

I. Restauration de la chapelle de Notre-Dame du Désert. — II. Hospice et Hôtel de Ville. — III. Œuvre posthume. L'Asile Paul d'Urclé. — IV. La crypte. — V. Note généalogique. — VI. Autrefois. — VII. Pèlerinage et pèlerins.

I. — Restauration de la chapelle de Notre-Dame du Désert

Le manuscrit d'Avenelle nous a appris qu'à une époque indéterminée, mais antérieure au XVIe siècle, par suite d'une cause demeurée inconnue, la nef de la chapelle de Notre-Dame du Désert avait été réduite de moitié. Nous avons vu d'autre part que, vers la fin du siècle dernier « les murailles de la chapelle, disjointes dans beaucoup de leurs parties fondamentales, étaient dégradées ».

L'œuvre du prieur Hugues paraissait plus que compromise lorsque M. Paul-Louis-Félix Le Vacher d'Urclé entreprit de la sauver. Il rechercha soigneusement les fondations primitives et éleva les murailles de la partie de la nef qui avait disparu en observant scrupuleusement le style de celle qui avait été conservée.

Après lui, désireuse de mener à bonne fin cette délicate restauration qui avait été l'œuvre de prédilection de son père, Mme de Bonald termina l'église, l'enrichit de deux nouveaux autels, de magnifiques vitraux et d'un chemin de croix commandé à l'ancienne maison des Montagnon de Nevers.

M. Paul d'Urclé.

On comprendra mieux l'importance de ce travail en relisant une excellente description de la chapelle de Notre-Dame du Désert, écrite en 1858, c'est-à-dire six ans avant l'intervention de M. Paul d'Urclé. Elle est due à la plume d'un archéologue des plus distingués, M. Raymond Bordeaux.

« Au bord de la gorge sauvage où se perdent les eaux intermittentes du Lesme, petit cours d'eau singulier qui au lieu de grossir en s'éloignant de sa source s'engloutit au contraire dans un lit desséché [1], se trouve dans la forêt de Breteuil l'antique chapelle de Notre-Dame du Désert où une relique de sainte Suzanne attire chaque jour de nombreux pèlerins.

La tradition locale rapporte que saint Mélaine, évêque de Rennes, qui mourut vers l'an 533, aurait été solitaire en ce lieu avant son épiscopat. Dès lors les cénobites ou ermites se seraient retirés au milieu de ces solitudes profondes et auraient défriché les champs aujourd'hui enclavés dans la forêt. Il existe une copie de la charte par laquelle Robert, sire de Breteuil en Normandie et comte de Leycester en Angleterre, fonda en ce lieu un prieuré qui dépendit de l'abbaye de Lyre, et on voit par cette charte que déjà il y avait des moines et des défrichements en cet endroit.

La curieuse chapelle qui subsiste encore est le chœur de

[1] C'est en pays plat que nos rivières se perdent et leur disparition n'a pour cause que la nature des couches supérieures de notre sol. Depuis le dessous de la terre végétale jusqu'à la craie on ne trouve qu'un terrain rougeâtre et sans consistance formé de sable, d'argile ferrugineuse et d'une grande quantité de silex de toute grosseur. C'est un terrain de transport. Les silex sont généralement ronds et dès lors ne se touchant que par certains points ils laissent entre eux des interstices remplis de sable. Une telle couche ne saurait devenir imperméable. L'eau y pénètre peu à peu pratiquant une infinité de petits passages en entraînant les sables qui séparent les rognons de silex. L'eau continue sa course sous les terres jusqu'à ce que resserrée sur un espace plus étroit et trouvant des issues elle revient au jour en formant des sources abondantes. Cette disposition du terrain se produit en petit à chaque instant dans nos contrées. M. Vaugeois, que nous résumons ici, cite comme exemple de ces disparitions momentanées ou prolongées des cours d'eau l'Aure et la Drôme dans le Calvados, le ruisseau de Fontenil, de Sommaire; la Risle, l'Iton, le Lesme dans l'Eure.

l'église bâtie par Hugues alors prieur du Désert et dont la dédicace fut faite en grande pompe le 27 avril 1125 par Audoenus évêque d'Evreux en présence de Robert et de sa femme Amicie, sous le pontificat d'Innocent II ; Henri Ier, roi d'Angleterre, occupant le trône ducal de Normandie. C'était le temps où on bâtissait les gros piliers de la nef de la cathédrale d'Evreux ; aussi ce petit monument présente-t-il les caractères les plus prononcés de l'architecture romane et offre-t-il un vif intérêt à l'antiquaire.

Malheureusement, l'ancienne nef tout entière a été démolie à une époque ancienne ; il en est résulté que l'ancien chœur sert aujourd'hui de nef et le clergé nombreux dans les jours où viennent les processions n'a plus pour se placer que l'étroit espace du sanctuaire primitif qui par cette raison a été menacé dans ces dernières années de tomber sous le coup d'un zèle peu éclairé pour être agrandi et rebâti à neuf.

Or ce chœur actuel est au point de vue archéologique l'un des édifices les plus curieux du département de l'Eure. C'est une abside circulaire percée de trois fenêtres à plein cintre d'un style très grave et très austère et bâtie en grisons, espèce de poudingue ou de roche agglutinée dont la couleur brune et le grain prononcé ajoute au caractère de cette vieille construction qu'aucun raccommodage intempestif n'a encore dénaturée à l'extérieur.

La nef actuelle, qui dans le plan primitif formait le chœur, est elle-même fort ancienne quoiqu'un peu altérée. Au nord, le mur, couvert d'un crépi vénérable, est décoré de deux contreforts plats en grison et de deux fenêtres où le cachet du XIIe siècle est fortement empreint. Le vantail de la petite porte ouvrant de ce côté est rehaussé d'une curieuse peinture du XIIIe siècle en forme de fleur de lis.

Au midi, l'église s'adosse au bâtiment du prieuré. La

Intérieur de la Chapelle de Sainte-Suzanne.
(Notre-Dame du Désert.)

façade de ce bâtiment est très curieuse à l'est ; on remarque encore dans la muraille remaniée au XVe siècle des baies de fenêtres et des arcatures à plein cintre du XIIe siècle.

A l'intérieur, ce qui frappe la curiosité ce sont les *ex-voto* accrochés aux environs des trois autels ; béquilles, bras et jambes de cire suspendus par les pèlerins qui affluent en ce lieu. On voit au-dessus du maître-autel placé dans l'antique abside une vierge enveloppée de soieries et de dentelles et une image de sainte Suzanne représentée lisant dans un gros livre. La muraille qui s'élève au-dessus de l'arcade du chœur actuel était couverte d'un semis de fleurs de lis dorées sur fond bleu. Il n'y a d'ailleurs à noter en fait d'objets d'art qu'un assez bon tableau placé sur l'autel et une décoration ancienne en fer forgé qui couronne la balustrade du chœur. Mais on remarque avec plaisir la jolie voûte de bois exécutée il y a deux ans par MM. Laumonier, sculpteurs à Conches; elle mérite de servir de modèle pour la décoration des églises rurales qu'il est aujourd'hui à la mode de plafonner comme des greniers à avoine ; et après l'avoir vue on comprend mieux la laideur des affreuses croûtes de mortier dont les anciennes voûtes de quelques églises voisines, les Baux, la Neuve-Lyre, Ambenay, ont été barbouillées. MM. Laumonier ont placé au milieu des rosaces délicatement découpées de leur nouvelle voûte l'écusson du propriétaire actuel de Sainte-Suzanne, M. Le Vacher d'Urclé, et nous rappellerons à ce sujet que l'ancien prieuré du Désert avait pour armoiries, selon d'Hozier, *un écusson d'or chargé d'un arbre de sinople et d'un cerf de gueules passant*[1].

[1] M. Raymond Bordeaux cite incomplètement d'Hozier de sorte qu'il resterait un doute sur la place relative du cerf et de l'arbre. Nous avons vu à la Bibliothèque nationale qu'il faut ajouter ces mots « devant l'arbre » d'Hozier 1.953.

II. — HOSPICE ET HOTEL DE VILLE

C'est sous l'administration de M. Paul d'Urclé que furent construits l'hospice et l'hôtel de ville actuels. Autrefois l'hospice occupait l'emplacement de l'hôtel de ville actuel. Vers 1858, il fut réédifié sur la route de Damville sur un terrain exproprié; c'est une très belle construction entourée de larges espaces, fort bien située[1]. L'hôtel de ville a pris sa place, et l'ancien clocheton de l'hospice se trouvait exactement là où s'élève aujourd'hui celui de l'hôtel de ville.

Les plans et les dessins de cette dernière construction svelte, gracieuse, très originale et très artistique sont dus à M. Simon, architecte à Rouen. Le conseil municipal de Breteuil décida la construction de l'hôtel de ville le 16 novembre 1863. M. Pillard Lizot s'engagea à exécuter les travaux suivant les plans de l'architecte, approuvés par le préfet.

Nous ne saurions trop recommander aux étrangers qui

[1] L'hospice de Breteuil remonte à une haute antiquité puisque dès 1192 le pape Célestin III par un bref donné à Saint-Pierre de Rome prend sous sa protection les pauvres lépreux de Breteuil. Ce bref muni de son sceau se trouve dans les archives de l'hospice d'ailleurs très riches. Elles renferment outre les pièces les plus anciennes parmi lesquelles nous pouvons citer la confirmation par Robert de Leycester de la donation faite par son père d'un muid de blé et d'une once d'or, treize liasses de pièces concernant : 1° les droits dans la forêt : 2° les baux ; 3° les donations ; 4° les exemptions de décimes ; 5° les titres des biens-fonds, 6° les droits de la foire de Saint-Simon et de Saint-Judes ; 7° les baux de la dixme de Bertoisel ; 8° ce qui concerne le droit à l'once d'or et au muid de blé sur les moulins de Breteuil ; 9° les réparations demandées par le grand maître de l'ordre de Saint-Lazare ; 10° les comptes de gestion. Nous avons trouvé là les comptes de Louis Le Vacher, administrateur nommé par les bourgeois de Breteuil, pour les années 1748-49-50-51 ; 11° ce qui concerne la fieffe de Boulais ; 12° les rentes constituées ; 13° les terres de la Magdeleine ; 14° les terres de l'Hôtel-Dieu.

Ces archives très complètes et très curieuses renferment des pièces revêtues de la signature de rois de France notamment Charles IX et Louis XIV. Elles seraient fort utiles et très suffisantes pour qui entreprendrait d'écrire l'histoire de l'hospice de Breteuil.

Place de l'Hôtel-de-Ville de Breteuil.

visitent Breteuil de consacrer quelques instants à la grande cheminée de la salle du conseil. Ce beau morceau de sculpture se compose de deux parties : un bas-relief représentant une scène de la Révolution où M. de Perla sauve un laboureur poursuivi par des furieux, et de magnifiques colonnes très découpées d'un goût exquis.

Le bas-relief a été exécuté par un sourd-muet nommé Dunglard, de la maison Bonet de Rouen. Quant à la cheminée elle est l'œuvre de M. Pillard-Soulain alors âgé de dix-huit ans. C'est lui-même et lui seul qui a exécuté ces magnifiques sculptures.

Nous devons ajouter que M. Paul d'Urclé a fait cadeau à la ville de cette magnifique pièce qui a été payée aux artistes sur ses deniers personnels.

III. — Œuvre posthume. L'asile Paul d'Urclé

L'œuvre de M. Paul d'Urclé ne devait point être interrompue à sa mort survenue le 4 octobre 1889.

Son souvenir et l'ardente piété filiale de sa fille ont inspiré la création qui s'adaptait le mieux aux conditions de notre localité éminemment industrielle. Les magnifiques résultats obtenus nous disent aujourd'hui combien cette inspiration fut heureuse.

C'est le 24 septembre 1894 que l'asile Paul d'Urclé a été inauguré solennellement. Ce bâtiment situé à l'extrémité des Plesses, non loin du groupe scolaire, répond admirablement à sa destination en même temps qu'il réunit au plus haut degré les multiples conditions réclamées par l'hygiène contemporaine : emplacement sur la périphérie de la ville, salubrité du sol, belle orientation, aération abondante, ventilation parfaite, isolement des bâtiments voisins par des rues, etc., etc.

La construction de l'asile a été confiée à M. Walon, le distingué architecte parisien, fils du vénérable sénateur; elle a valu à son auteur la plus flatteuse des récompenses.

L'asile Paul d'Urclé.

La population tout entière de Breteuil a tenu à prendre part à la cérémonie présidée par Sa Grandeur Mgr Sueur, alors évêque d'Évreux. C'est en présence des autorités municipales que cet éloquent prélat a fait ressortir avec une netteté saisissante la double pensée qui a guidé Mme de Bonald dans sa généreuse initiative : piété filiale en voulant perpétuer à jamais le souvenir de son vénéré père, en donnant à l'asile ce nom de d'Urclé qui sera éternellement béni par les enfants et par les pauvres, ce nom que l'on rencontre depuis si longtemps à toutes les pages de l'histoire de Breteuil ; charité, en se souvenant que la mère de famille, dont le mari travaille dans nos usines, pourra s'occuper plus avantageusement de son ménage et même augmenter par son travail le bien-être des siens si elle peut confier aux religieuses de l'asile ses jeunes enfants.

Assurément cette pieuse pensée de charité sociale était ce qui pouvait le plus toucher le grand cœur de cet homme si bon, sans cesse préoccupé, comme ses aïeux, d'assurer le bien-être des ouvriers de Breteuil. Il est juste d'ajouter que le pays tout entier lui a gardé une profonde reconnaissance. Nous avons entendu le soir de la fête de l'inauguration de l'asile, les vieux maçons, les vieux ouvriers du pays rappeler avec orgueil qu'ils avaient travaillé du temps de M. d'Urclé et parler de lui dans des termes tels que les larmes en venaient aux yeux.

M. Roard, conseiller municipal, au nom des travailleurs dont il a toujours été l'ami actif et le défenseur permanent, a porté un toast à celle qu'il a justement appelée la bienfaitrice de l'ouvrier, la providence des pauvres et il a associé à Mme de Bonald la noble amie qui collabore à toutes ses bonnes œuvres et dont l'activité si intelligente se multiplie en raison de la grandeur des entreprises.

Certes, quand on rencontre une aussi éclatante manifestation de l'assistance privée, on ne saurait trop s'en réjouir, non seulement pour la somme énorme de bien qui en résulte immédiatement, mais aussi et surtout à cause des sentiments dont elle procède et de ceux qu'elle inspire.

L'inégalité fatale des fortunes, des intelligences et des

qualités physiques et morales, si elle n'engendre pas la bienveillance et le dévouement, produit inévitablement la colère et la révolte : ceci revient à dire que si les classes sociales ne se pénètrent pas, elles sont amenées à se combattre. Aussi est-ce un beau spectacle de voir les favorisés se retourner vers les faibles, tendre la main à leurs enfants, à leurs vieillards, à leurs malades, les visiter, les conseiller, les encourager, leur donner enfin leur argent sans compter et, ce qui est plus rare encore, leur cœur !

Quant à nous, en présence d'un si beau spectacle nous ne savons que nous taire. Il existe en effet des âmes douées d'une si grande délicatesse que l'on craint, en vérité, de laisser arriver jusqu'à elles un léger nuage d'encens. Il faut savoir refouler au fond de notre cœur l'admiration qu'elles provoquent, puisqu'elles-mêmes s'appliquent sans cesse à dissimuler aux yeux du monde leurs œuvres les plus admirables dont personne ne connaîtra jamais ni l'importance ni le nombre !

IV. — La crypte restaurée

Nous avons étudié dans notre premier chapitre la crypte admirable de Notre-Dame du Désert ; depuis, la main des fées est passée par là. Désormais les archéologues n'auront plus à craindre de voir disparaître cette singulière construction, saisissant symbole de la Trinité, ainsi que l'a exprimé celle-là même qui a présidé avec tant de compétence à cette importante restauration.

Les pèlerins seront heureux de pouvoir arriver facilement dans la grotte de Sainte-Suzanne. Au dernier pèlerinage, quatorze cents personnes l'ont visitée et sont revenues émerveillées. Plus de flaques boueuses ; l'eau de la grotte est captée dans un bassin qui occupe le bras gauche de la grande croix ; plus d'obscurité : un merveilleux éclairage fait ressortir le curieux entre-croisement des voûtes de la croix et des croisillons. Un escalier de 39 marches conduit, comme dans les premiers siècles, le pèlerin jusque dans le fond plat de la crypte déblayée et mise pieusement à l'abri de toutes les causes de destruction. L'eau analysée au moment des travaux ne contenait pas de matières organiques. Elle laissait un résidu solide de 2,20 par litre et son degré hydrotimétrique était 35. Les savants et les pèlerins ne remercieront jamais assez celles qui ont rendu un si grand service à la piété et à l'art.

V. — Note généalogique

M. Paul-Louis-Félix Le Vacher d'Urclé naquit à Breteuil le 26 novembre 1813, il était fils de M. Prosper-Isidore Le Vacher d'Urclé.

Son grand-père était Jean-Louis Le Vacher de Perla qui avait comparu dans l'ordre de la noblesse en 1789 comme représentant de bailliage.

M. Le Vacher de Perla était écuyer, conseiller secrétaire du roi, maison de France, seigneur patron de Contrebois, seigneur de Randonnay, de Belle Perche, du Chesnay, du Mesnil Saint-Christophe, de la Boullaye, etc.

Les armes des Le Vacher sont de *sinople à une tête de vache d'or*. Le Vacher de Perla était fils de Jean-Thomas Le Vacher, officier de la garde-robe du roi.

Jean-Thomas descendait de Jean Le Vacher, maître de forges, lequel était fils de Thomas Le Vacher (1649), petit-fils d'Antoine Le Vacher et arrière-petit-fils du premier Antoine Levacher, né vers 1580 et marié en 1610.

Nous donnons dans un tableau généalogique les noms des parents les plus rapprochés.

VI. — Autrefois

Nous avons vu dans l'histoire des Baux de Breteuil par M. Goberville[1] que les processions des paroisses se rendent au pèlerinage annuel dans l'ordre suivant :

« Le mardi des Rogations : *les Baux de Breteuil* et *Guernanville*.

Le lundi de la Pentecôte : *Condé-sur-Iton*.

Le jour de la Fête-Dieu : *Bémécourt*, *Breteuil*, *Francheville*, *la Guéroulde*, *Cintray*, *Neauphles*, *Bois-Arnault*, *le Chesne*, *Ambenay*.

Le jeudi, octave de la Fête-Dieu : *Barquet*, *Sébécourt*.

Le lundi d'après l'octave de la Fête-Dieu : *Conches*, *Sainte-Marthe*, *Louversey*, *Séez-Mesnil*.

Le jour de la saint Jean-Baptiste : *Sainte-Marguerite de l'Autel*, etc.

La fête de sainte Suzanne a lieu le 11 août ; ce jour-là on dit toujours une messe à la chapelle ainsi que le mardi et le jeudi de chaque semaine. La personne qui doit rendre le bâton de la confrérie, le dimanche suivant, jour de la grande solennité de sainte Suzanne, invite à dîner à sa volonté un nombre de parents et d'amis. Le bâton est repris aux vêpres et celle qui l'a accepté le rend l'année suivante à pareille époque. »

Autrefois le grand pèlerinage avait aussi lieu le 11 août.

Nous avons vu que noble dame Odeline de Sainte-Suzanne, comtesse de Laigle, veuve de Roger III, fils du fondateur de Chaise-Dieu, ami de Hugues du Désert avait été passer les longues années de son veuvage avec les Fontebraldines.

Elle n'avait point tardé à faire les délices des religieuses et de tous ceux qui l'approchaient. Grande et toujours droite

[1] Avignon 1872.

ANTOINE LE VACHER, NÉ VERS 1580.

Marié en 1610.

ANTOINE LE VACHER.

RENÉ LE VACHER, 1613.

THOMAS LE VACHER, 1649.

JEAN LE VACHER, 1656.

N. Le Vacher.

Jean Le Vacher. Maitre de Forges. Épouse Charlotte Horon dont il a trois enfants, et en secondes noces Elisabeth Dupuy dont il a quatre enfants.

Louis Le Vacher et ses huit frères et sœurs. Neuf enfants. La branche de René est celle d'où sont venus les Le Vacher d'Italie et les Le Vacher la Feutrie.

Le R. P. Le Vacher jésuite mort à la Flèche. SP.

N. Le Vacher religieuse de Saint-Sauveur Evreux. SP.

Jean-Thomas Le Vacher officier de la garde-robe du roi. Épouse Mlle Romain.

Le Vacher dugérier. SP.

N. Le Vacher religieuse SP.

Le Vacher de la Berthauderie : un fils SP.

Le Vacher de la Portuisière, épouse d^lle^ Desparrais.

Jean Louis Le Vacher de Perla écuyer du roi 1729-1800. 1re épouse, M. Magdeleine Maille ; 2e épouse, Anne Françoise Collombel.

Toussaint Le Vacher des Gâtines. Chevalier de St-Louis.

François Antoine Le Vacher de Grandmaison, épouse sa cousine Marie-Anne.

François Robert Contrôleur des guerres. SP.

René Thomas de Villeneuve. SP.

Jean François clerc. SP.

Marie Anne, épouse son cousin.

Jean Thomas SP.

Le Vacher Anne Julie épouse M. Le Doulx de Melleville. SP.

Nicolas Louis Le Vacher de la Véronnerie. Epouse Mélanie Collombel.

Félix Omer Gratien Le Vacher du Souset. SP.

Prosper Isidore Le Vacher d'Urclé épouse Augustine Adèle de Thieulin.

François Louis Charles de Boischevreuil. SP.

Marie Louise Antoinette de Grandmaison épouse M. Clavier d'Ombrelles. SP.

François Robert Aimé Le Vacher de Lignerolles. SP.

Armand Félix Achille de la Véronnerie. Epouse : Elisabeth Joconde Buhot. SP.

Louis Philippe Alphonse de la Véronnerie. Capitaine d'artillerie. SP.

Mélanie Flore Elisa de la Véronnerie. SP.

Louise Hélène Augustine de la Véronnerie. Epouse : de Pillon de Buhorel.

Théodore Jules de la Véronnerie. SP.

Frédéric Henri Gustave d'Urclé. SP.

Paul Louis Félix Le Vacher d'Urclé (1813-1889). Epouse Mademoiselle de Vandeuil.

Félix Charles Victor St Léon Le Vacher d'Urclé né en 1816. Epouse Léontine de Rivière.

Charles Auguste de Pillon de Buhorel. Epouse demoiselle Marie Gabrielle de Chalange.

Thérèse Anne Eugénie Le Vacher d'Urclé. Veuve de M. de Bonald.

Albert Le Vacher d'Urclé.

Marie Auguste Henri Le Vacher d'Urclé épouse Mademoiselle Claire de Montaignac de Chauvance.

malgré son grand âge, elle portait haut la tête encadrée de belles boucles blanches et ce n'était point une petite surprise de voir tant de gracieuse majesté descendre comme en se jouant aux plus infimes détails de la maison.

Elle savait tout voir, tout diriger sans paraître s'occuper de quoi que ce soit. Elle avait pour chacun l'attention délicate, le mot approprié, la pensée qui gagne le cœur à ce point qu'il était impossible de la quitter sans emporter l'impression qu'on avait été de sa part l'objet d'une attention particulière.

Quand elle avait un reproche à formuler, on eût dit qu'elle seule était répréhensible, qu'elle seule souffrait d'avoir à blâmer, de telle sorte que la coupable fondait en larmes ayant moins de regret de sa faute que de la peine qu'elle occasionnait à la vénérable abbesse. On en était arrivé à éviter les plus légers écarts pour lui épargner l'ombre d'un chagrin.

Or, en l'année 1230, pensant qu'elle approchait de la mort elle désira visiter solennellement la chapelle de Notre-Dame du Désert par elle dédiée à Suzanne, patronne de sa famille et de sa patrie. Souvent, depuis quelque temps, elle revoyait par la pensée le vieux manoir des vicomtes ses ancêtres, dont les magnifiques ruines se dressent encore vers les cieux. Les plus lointains souvenirs de son enfance voltigeaient autour d'elle, faisant éclore sur ses lèvres un sourire mélancolique. Douce attention du créateur qui pare les avenues de la tombe des fleurs respirées jadis, sollicitude bien paternelle du bon Dieu qui donne à ceux qui vont partir l'étonnante mémoire du plus lointain passé !

Odeline fit part de son projet aux religieuses, aux paroisses, aux bourgeois des villes voisines et à la noblesse de la contrée. C'est ainsi que le 11 août par une délicieuse matinée de ce bel été de Normandie un grand concours de pèlerins au son des cloches partit processionnellement de Chaise-Dieu. Les églises, les châteaux et les villes avaient été exacts au rendez-vous.

Suivant le chemin qui serpente en descendant le val du Lesme, les pèlerins s'avancent au chant des litanies et des psaumes.

En tête, bannière déployée, marche la plus ancienne charité du pays, précédée du tintenellier et, immédiatement après, les archers aux couleurs des seigneurs portant les étendards qui flottent dans la brise matinale.

Puis viennent à pied les bourgeois des villes vêtus d'étoffes riches, de couleur sombre, qui causent bruyamment dans les intervalles des chants sacrés. Nous remarquons les bourgeois de Breteuil, parmi lesquels Bucselin et Leloup, Hubert et Desmares, Cibole et Bonin, Loysel, Mongrédien, Rosse, Flauney, Buzot, Chapé, Prestrel et quantité d'autres. Ils sont escortés par deux files de Coutiliers munis de haubergeons, salades, gantelets, et harnois de jambe et portant de la main droite l'épée courte à pointe aiguë qui leur a valu leur nom.

Dans les sentiers se pressent des paysans à cotte hardie ou à coteron coiffés du chapel à larges bords. On les voit s'agenouiller, prier, puis prendre la suite du cortège avec les conducteurs des chariots branlants.

Un groupe de moines paraît, le chapelet flottant entre le scapulaire et la tunique, chantant à de longs intervalles sur le signal d'un clerc les versets des chants sacrés. Au milieu d'eux, cause Bathélemy Bruon, celui-là même qui leur donna peu après la belle vigne de l'étang de Breteuil pour une redevance d'un quarteron de Cumin.

Alors s'avançaient les nobles dames revêtues de longues robes aux couleurs éclatantes serrées dans le justaucorps, les tresses formant couronne autour de leur tête, laissant le visage encadré de cheveux légèrement ondulés que la brise soulevait en nuages blonds. Voici Agnès de Lallier, Marguerite de Courtenay, Agnès de Guernanville, Julie de Bosc-Chevrel, Louise de Gastinel, Amicie de Chantelou.

Les moines chantaient :

Ut fructus terræ dare et conservare digneris.

Te rogamus audi nos, répondait la foule d'un bout à l'autre du cortège.

La dame des Minières s'appuie sur le bras de son fils Gilbert, robuste et beau jeune homme de seize ans. Elle porte la longue robe noire et son chaperon laisse flotter sur l'épaule droite les rubans sombres des veuves. Elle vient d'éviter les regards haineux d'Arnault du Bois, lequel s'était vu privé par Philippe-Auguste d'une partie de ses biens pour avoir pris le parti de l'Anglais. Elle regarde son fils, portrait vivant de Roger des Essarts et celui-ci devinant sa pensée : « Mère, je serai fidèle et loyal comme un Chambray, je ne mentirai jamais aux fleurs de lis. Je serai le plus dévoué seigneur du futur roi Louis, neuvième du nom, quand je serai moi-même le sire de Lombelon des Essarts La Poultière ! »

Ut regem nostrum, Blancham de Castilla custodire digneris.

Te rogamus audi nos !

Alors paraît Odeline, la grande abbesse, vicomtesse de Sainte-Suzanne, comtesse de Laigle, soutenue par sa fille, veuve de Corbin de Tillières tout heureuse de voir un si grand concours de peuple.

Elle retrouve chemin faisant les noms des villages témoins de ses jeux d'enfant. Elle revoit même les allées ombreuses du Maine, les carrefours où elle donnait aux pauvres ses petites économies.

Quelle est donc la rivière qui coule au fond du ravin ?

Est-ce le Lesme, est-ce l'Erve? Voici l'étang! une frêle embarcation qu'elle connaît bien, guidée par un vieux serviteur obéissant au moindre de ses caprices le parcourait jadis en tous sens.

Quel est cet arbre isolé dans une clairière? N'est-ce pas sous son ombrage qu'elle jouait avec ses sœurs quand on la fit rentrer brusquement au château pour la présenter à l'envoyé du comte de Laigle qui venait solliciter sa main pour son fils aîné!

Les religieuses attentives évitent de parler pour ne pas interrompre la douce rêverie de l'abbesse. Mais les enfants de Corbin en dépit de deux gouvernantes courent sans cesse après les grands papillons aux ailes blanches et pour éviter tout reproche se blottissent autour de grand'mère et la ramènent au présent.

A ce moment le prieuré de Notre-Dame du Désert signale l'arrivée des pèlerins, et l'on distingue le tintement lointain de Marie-Suzanne.

Super flumina Babylonis illic sedimus et flevimus
Cum recordaremur Sion.

De tous les chemins de la forêt s'avancent les paroisses conduites par leur curé. Guillaume, doyen de Breteuil, entouré de ses prêtres, arrive par cette belle route droite qui depuis des siècles unit le château du conquérant au Prieuré.

In sallicibus in medio ejus
Suspendimus organa nostra.

On arrive. La foule, devenue énorme, se divise en deux groupes laissant entre eux un large chemin par lequel s'avance Odeline. Précédé de douze thuriféraires, le prieur Durand marche à sa rencontre.

Tout un essaim de jeunes filles jonchent de pétales de roses la route laissée libre, s'effacent un instant, tandis que les encensoirs, avec un ensemble parfait, embaument l'air à la ronde.

Odeline va prendre dans le chœur la place qui lui est réservée : l'église se remplit en un instant et le long des murs de la chapelle, dans les jardins du prieuré, dans le pré de l'enclos, la foule à genoux suit le saint sacrifice célébré toutes portes ouvertes.

Alors le curé de Breteuil élève vers les cieux l'hostie sainte.

Adjutorium nostrum in nomine Domini.

D'une seule voix la foule entière répond :

Qui fecit cœlum et terram.

Le doyen reprend :

Benedicat vos, Omnipotens Deus, Pater et Filius et Spiritus Sanctus.

Amen, dit le peuple.

Les chariots branlants se dispersent dans l'enclos, dans les clairières de la forêt, les coffres de chêne attachés par des courroies sont descendus, tel est assis sur une botte de foin, tel autre sur un riche coussin armorié, là s'élèvent des tentes aux ornements byzantins, plus loin le sol se couvre de riches tapis.

La douce gaîté, santé de l'âme, coule à pleins bords, ce ne sont que chansons et gais propos. Les repas sont égayés par la liqueur blonde qui depuis quelques années chasse la bière. Le *vinum piraceum*, le *vinum ex malis* prend une brillante place à côté des meilleurs vins du pays.

Puis, le soir, comme le soleil disparaît dans la vallée de la Risle, Odeline descend de son char et rentre à Chaise-Dieu radieuse.

Le bon Dieu voulut qu'il lui fût donné pendant bien des années encore de refaire ce même pèlerinage, car elle atteignit l'âge de quatre-vingt-dix-huit ans et Gilbert était déjà revenu de la croisade quand elle mourut. Nous avons vu qu'elle fut inhumée dans un admirable tombeau au milieu du chœur des religieuses de Chaise-Dieu. De pauvres inconscients ont dispersé ses ossements et brisé la merveilleuse dentelle de pierre qui les renfermait depuis six siècles.

VII. — Pèlerinages et Pèlerins

Et puis les pèlerinages ont continué. Les siècles ont succédé aux siècles et aujourd'hui encore les humbles cierges, les chapelets, les plaques commémoratives, s'accumulent près de l'autel de Suzanne. Les institutions ont été maintes fois modifiées, la surface apparente des choses a beaucoup changé, le cœur humain n'a point varié. Le pèlerinage actuel est en somme ce qu'il a toujours été, ce qu'il sera toujours, un groupe chrétien venant remercier Dieu des faveurs obtenues par l'intercession de Marie et de Suzanne, et en solliciter de nouvelles pour l'avenir.

Les personnes qui aiment les phrases faites s'en vont répétant que la foi est morte, est-ce bien certain? ne serait-il pas plus exact de formuler que l'irréligion est bruyante et la foi calme, trop calme? Si nous savons regarder au fond des âmes et éviter de juger du nombre d'après le bruit, nous verrons avec joie que la foi rayonne dans tout l'univers, l'étincelle vivifiante jaillit au moindre choc et nous ressemblons tous au fameux incrédule Volney qui sortait son chapelet pendant la tempête.

De nos jours le grand pèlerinage a lieu le jeudi de la Fête-Dieu. Cette année, dès cinq heures du matin, un vent tiède du sud poussait devant lui quelques nuages très bas et nous apportait en même temps le son des cloches lointaines.

Depuis longtemps des voitures, bondées de pèlerins, venant de Condé, de Gouville, des Essarts, de Chanteloup, de Damville et de plus loin encore, traversent la grande rue de Breteuil au grand trot de leurs chevaux. De temps en temps la clochette d'un tintenellier annonce le passage d'une congrégation de charité. Dans les paroisses les plus proches du Désert, les groupes se rassemblent, on prend en toute hâte le café matinal, déjà la voiture bâchée qui doit accompagner la procession est attelée et attend devant la porte du sacristain. On part. On est parti.

De tous les chemins de la forêt arrivent des voitures qui se hâtent vers l'enclos du Désert. Les processions paroissiales sont en route ; les deux localités chères aux ferrons luttent de vitesse. Au carrefour du Lesme, Francheville prend les devants, la Guéroulde suit immédiatement après. Le vent *a grandi*, les nuages ont précisé leurs formes estompées, le soleil apparaît radieux. De tous côtés retentit le chant des litanies et des psaumes, les clochettes des charités et le refrain du cantique de sainte Suzanne.

Ave, ave, ave, Suzanna,
Ave, ave, ave, Suzanna !

Chaque fois qu'une nouvelle procession est en vue, Marie-Suzanne fait retentir l'air de ses joyeux tintements.

Lorsque Francheville aperçoit l'antique chapelle les frères de charité chantent :

Ave, Maris stella,
Dei mater alma
Atque semper Virgo,
Felix cœli porta.

et les jeunes filles reprennent aussitôt la suite de l'hymne à la Vierge.

On entre dans l'église, car les premiers arrivés ont droit

D O M
BEATŒ MARIŒ DE DESERTO ATQVE
SANCTŒ SVSANNŒ
CCCCLX — MCXXV — MDCCCCI

à la première messe et, par une bien originale fiction, la chapelle est réputée appartenir à la paroisse dont le curé célèbre la messe pendant tout le temps du saint sacrifice. C'est dire que la Guéroulde attend son tour au dehors et ainsi de suite, chaque clocher n'admettant que les siens pendant qu'on célèbre *sa messe*.

De demi en demi-heure, l'antique sanctuaire change de fidèles et de maître. Les offices terminés, la fête foraine commence.

Les prés, les clairières, les parties du terrain qu'abritent les vieux charmes plantés par Avenelle sont envahis par les familles en quête de leur salle à manger champêtre ; les voitures s'entassent dans le grand pré, il y en a plus de cent quand nous arrivons, un bien plus grand nombre occupe les cours des maisons voisines, les clos et les fermes ; d'autres restent avec les familles, le cheval attaché à la roue et dégarni, cherchant dans l'herbe, trop sèche cette année, le maigre commencement de son repas. Puis on court aux établis des boulangers, des pâtissiers, des bouchers, des charcutiers, on va chercher à la ferme le bon cidre et l'inévitable café qui sera tout à l'heure copieusement étendu d'eau-de-vie. Les repas commencent, se continuent, s'animent, cependant que les cuivres des chevaux de bois et du cirque Carric déchirent l'air et sollicitent leur clientèle habituelle.

Et quand une procession quitte la chapelle pour regagner son pays, Marie-Suzanne l'accompagne de ses tintements et comme par enchantement la fête foraine devient absolument silencieuse. A la nuit, chacun a regagné sa maison. Quelques pèlerins isolés et pauvres s'en vont chez eux à pied.

Le lendemain, je rencontrai dans la forêt près de la croix du Tilleul, un vieillard marchant péniblement que je n'avais jamais vu dans le pays. La douceur mélancolique de son regard m'attira vers lui et comme nous suivions le même chemin il me raconta des choses que je n'oublierai jamais.

« Je suis venu de bien loin, disait-il, pour prendre part à votre pèlerinage parce que le Seigneur Jésus ne saurait refuser à une pauvre âme ce qui lui est demandé en même temps par sa bonne mère la bienheureuse Marie du Désert et par sa fille bien-aimée Suzanne qui lui sacrifia sa fortune, sa beauté, la pourpre impériale et la vie.

« J'ai jeté à leurs pieds le lourd fardeau de mes fautes et je les ai suppliées d'obtenir du Nazaréen qu'il me rende l'âme chrétienne que j'avais reçue de mes pères. J'ai longtemps prié, puis je suis reparti. En route mes forces m'ont abandonné, je me suis reposé sur la terre et, dans un rêve, le Christ m'a montré le ciel.

« Comme je m'élevais dans la nuit étoilée, tout ce que j'avais connu et aimé sur la terre prenait des proportions infimes. J'éprouvais la sensation que je m'étais passionné pour le néant et je voyais mon corps, poussière sur poussière, disparaître peu à peu. Alors, dans une auréole immense, j'aperçus Pierre le Galiléen, Paul l'apôtre, Augustin et Jérôme, les saints du Désert, Mélaine, Vital, Hugues, le bon serviteur de Dieu, et une foule innombrable d'élus. Je passai près de Jean Eudes qui causait avec Vincent de Paul et j'entendis autour d'eux comme des rires d'enfants. Tournant les yeux vers l'Orient, l'avenir m'apparut et je distinguai Marie et Suzanne qui ouvraient, à ceux qui les avaient invoquées sur la terre, la porte du royaume des cieux; un doux espoir pénétra dans mon âme. Bientôt après je vis distinctement deux saintes, prosternées devant l'Éternel, qui priaient en se donnant la main ; je pensai tout d'abord à Mélanie ou à Paula, puis je me rappelai que je les avais connues sur la terre... [1]. »

[1] Bien que contrariée par le temps la fête, cette année, n'a pas été moins belle. Comme toujours les localités qui, dans les siècles passés, ont eu le plus de relations avec le prieuré de Notre-Dame du Désert sont généralement celles qui ont conservé l'habitude de se rendre processionnellement au pèlerinage. Cette pieuse pratique a survécu, alors que les faits qui l'ont déterminée à l'origine sont sortis depuis bien longtemps de la mémoire des hommes.

TABLE DES MATIÈRES

PREMIÈRE PARTIE

L'ERMITAGE (460-1125)

CHAPITRE PREMIER

L'EMPREINTE DE ROME

CHAPITRE II

SAINTE SUZANNE

CHAPITRE III

LA LÉGENDE DU GRAND CHESNE

DEUXIÈME PARTIE

LE PRIEURÉ (1125-1675)

CHAPITRE IV

HUGUES DU DÉSERT

CHAPITRE V

LES PRIEURS DU DÉSERT

CHAPITRE VI

BIENS ET CHARGES DU PRIEURÉ

TROISIÈME PARTIE

LA CHAPELLE (1675-1901)

CHAPITRE VII

PENDANT LA TOURMENTE

CHAPITRE VIII

PAUL-LOUIS-FÉLIX LE VACHER D'URCLÉ

ÉVREUX, IMPRIMERIE DE CHARLES HÉRISSEY

www.ingramcontent.com/pod-product-compliance
Ingram Content Group UK Ltd.
Pitfield, Milton Keynes, MK11 3LW, UK
UKHW022055260726
13993UKWH00001B/136